Renate B. Stadler-Straub

Die Bildersprache der Seele

Hypnose und Autosuggestion als sanfte Medizin

VERLAG PETER ERD · MÜNCHEN

Die Deutsche Bibliothek – CIP-Einheitsaufnahme
Stadler-Straub, Renate B.:
Die Bildersprache der Seele / Renate B. Stadler-Straub. –
München : Erd, 1992
ISBN 3-8138-0247-7

Umschlaggestaltung: Atelier Nittner, München
Redaktionelle Bearbeitung: Peter Knetsch
Copyright © Verlag Peter Erd, München 1992
Alle Rechte, auch die des auszugsweisen Nachdrucks,
der Übersetzung und jeglicher Wiedergabe vorbehalten.
Satz: Uhl + Massopust, Aalen
Druck und Verarbeitung: Presse-Druck, Augsburg
Printed in Germany
ISBN 3-8138-0247-7

Inhalt

Vorwort

Unsere Welt wird zusehends kleiner, und alles geht immer schneller. Entfernungen von Kontinent zu Kontinent werden innerhalb von Stunden zurückgelegt. Über Satellit und Fernsehen empfangen wir jede noch so ferne Katastrophe, jeden Krieg und jede Hungersnot live auf unseren Bildschirmen. Wir sind bis ins Auto hinein vernetzt über Telefon und Faxgerät. Nichts entgeht uns, wir sind überall erreichbar.

Eine Überfülle an Informationen verlangt tagtäglich, von uns verarbeitet zu werden; komplexes Denken ist gefragt; zunehmende Spezialisierung ist die Folge.

Um all den Anforderungen unserer Leistungsgesellschaft nachzukommen, um jeden Tag »up to date« zu sein, wird der geistige Freiraum für individuelle kreative Entfaltung immer enger. Eine kollektive Arbeitsbelastung schnürt uns mehr und mehr die Kehle zu. Das ferne Ziel ist – und wird es immer bleiben – immer mehr Wohlstand, mehr Freizeit und mehr Arbeitsentlastung. Aber nur über den Weg stetig steigender Qualifikation des einzelnen, ist dieses Ziel letztlich – und auch immer nur für einige – zu erreichen.

Auf der Strecke bleibt der, der dem Diktat der

freien Marktwirtschaft nicht gerecht werden kann. Freilich, wir sind abgesichert in einem raffinierten Sozialnetz, aber das reicht meist nur bis zum »Recht auf Arbeit und Gesundheit«. Und auch das ist nur in völlig unzureichendem Maße gewährleistet.

In unserer hochzivilisierten westlichen Welt verhungert niemand mehr, das ist sicher, aber trotz wachsendem Komfort und persönlichem Freiraum sind die Wartezimmer in den Arztpraxen voller denn je. Geholfen wird schnell – und auf Rezept, doch die Hilfe ist nur kurzlebig und bedarf schnell der Erneuerung. Es liegt nicht nur an der Bewegungsarmut, die zu zahlreichen Degenerationserscheinungen führt, die unsere heutige Krankenpopulation in hohem Maße ausmachen. Es sind vielmehr seelische Ängste, Depressionen und Unsicherheiten, ausgelöst durch Hektik, Streß und Überbelastungen, die eine Flucht in psychische und psychosomatische Krankheiten auslösen. Insbesondere die Menschen aus den fünf neuen Bundesländern bekommen dies zu spüren, da sie sich einer völlig anderen Leistungsmentalität gegenübersehen, die der westdeutsche Bürger über Jahrzehnte entwickelt hat und auf die er nicht allzu uneingeschränkt stolz sein sollte.

Wie reagiert die Medizin auf solch psychische Erkrankungen, die immerhin rund 80 Prozent aller Krankheiten ausmachen? Infolge ihrer hausgemachten Überbelastung bleibt den Ärzten oft nichts anderes übrig, als Psychopharmaka, Beruhigungs- oder Anregungsmittel zu verschreiben. Das Problem der Betroffenen wird dadurch nicht gelöst, das Symptom wird verschoben, der seelische Konflikt verdrängt.

Auf Dauer rächt sich diese Verschleppung jedoch bitterlich, denn wer seine Krankheit unterdrückt, Schmerzen betäubt und nicht wahrhaben will, daß es ihm schlechtgeht, der wird über kurz oder lang zusammenbrechen. Krankheit ist insofern keine Strafe, als sie uns auf unsere Fehlhaltungen aufmerksam macht.

Eine uralte Heilmethode, die schon 6000 Jahre vor unserer Zeitrechnung ihre ersten Erfolge feierte, ist die Heilhypnose. Über die Jahrtausende hinweg hat sie sich immer wieder bewährt. Sie erlebte spektakuläre Höhen, wurde verteufelt und als Belustigungseffekt mißbraucht. Heute endlich hat sie sich in der medizinischen Therapie ihren wohlverdienten Rang erkämpft. Tausende von Ärzten besuchen jährlich Ausbildungs- und Fortbildungsseminare, um die einzigartige Wirksamkeit der Hypnose in ihre Behandlung zu integrieren. Nicht nur die Linderung von Schmerzen ist in Hypnose möglich, sondern auch die Aufdeckung der Ursachen. Besonders in den ehemaligen Ostblockländern übernahm die Hypnose die Rolle unserer Psychoanalyse und zeitigte dabei wesentlich schnellere und kostengünstigere Erfolge.

Der Hauch des Ominösen, der Magie und der Scharlatanerie umweht den Ruf der Heilhypnose bis in unsere Tage. Diese Vorurteile sind jedoch schon seit vielen Jahren sowohl von wissenschaftlicher als auch von gesellschaftlicher Seite überholt. Die Hypnose ist eine Bewußtseinsform, ähnlich dem Schlaf und doch ganz anders. Wir erleben diesen Zustand fast täglich, ohne ihn allerdings gewahr zu werden und ohne ihn therapeutisch auszunutzen.

Dieses Buch möchte Ihnen in leicht verständlicher Form die Möglichkeiten der Hypnose offenbaren. Es sollen uralte Vorurteile ausgemerzt und eine wunderbar sanfte Therapieform vorgestellt werden. Hypnose ist für jeden, zu jeder Zeit und in jeder Situation anwendbar und wird dadurch zu einer praktischen Lebenshilfe, über deren Multifunktionalität schon Millionen von Menschen zu einem harmonischeren und bewußteren Leben gefunden haben.

Die Welt gehört dem Positiven!

Senden Sie mir bitte das neueste PETER ERD Journal mit interessanten Informationen über Ihre Bücher und Kassetten zu folgenden Themen:

- Praktische Lebenshilfe
- Persönlichkeitsentfaltung
- Führungskräfte
- Astrologie
- Numerologie
- Östliche Weisheit
- Partnerschaft
- Außersinnliche Kräfte

- Gesund leben und alternative Heilmethoden
- Neue Wege
- Taschenbücher
- Autogenic-Programm
- Meditations-Programm
- Lehrgang

NEUE WEGE
POSITIVES DENKEN
MENTALES TRAINING
PRAKTISCHE ESOTERIK
ALTES GEHEIMWISSEN
ALTERNATIVES HEILEN

JOURNAL

Ein ♥ für Menschen

Peter Erd Verlag

Bücher, die man mit Gewinn liest.

Ein uraltes Heilmittel –
die Hypnose im Wandel der Zeit

Ein gesellschaftliches Phänomen

Die in den letzten beiden Jahrzehnten im europäisch-amerikanischen Raum populär gewordenen Meditationspraktiken fernöstlicher Prägung sind eigentlich uralt. In den ältesten Sanskriturkunden der Inder finden sich Anleitungen zur inneren Versenkung und dem damit verbundenen tranceartigen Zustand, der der Situation während einer modernen Hypnosetherapie sehr nahekommt. Sämtliche Yoga-Techniken, die sich mittlerweile in der westlichen Welt etabliert haben, haben mit der Hypnose sehr viel gemeinsam: Zum einen die Ausschaltung jeglicher äußeren Reize, mit dem Ziel, die Konzentration auf sich selbst oder einen bestimmten Gegenstand zu richten. Zum anderen versucht sowohl die Hypnose als auch die Meditation einen Gegenpol zum rational-linearen Denken zu schaffen – ein Faktor, der uns im New-Age-Zeitalter oft mit Begrifflichkeiten wie »Harmonisierung der beiden Gehirnhälften« oder fernöstlich ausgedrückt »Ausgleich zwischen Yin und Yang« begegnet.

Es ist in den letzten Jahren viel über dieses Thema

geschrieben worden, eine wahre Esoterik- und eine damit verbundene Bücherlawine wurde losgetreten – viel zuviel, könnte man meinen. Auf der einen Seite kann man diesen Zeitgeist als Modewelle abtun, als unreflektiertes Massenverhalten einer Gesellschaft, die ihre Langeweile mit Tischerücken und Kartenlegen überbrückt. Auf der anderen Seite spiegelt dieses Verhalten aber auch die Sehnsucht und Unzufriedenheit einer breiten Bevölkerungsschicht wider, deren Bewältigung nach einem Ausweg schreit. Und die Buchseiten schreien zurück: »In zehn Minuten ein neuer Mensch!« oder »Besiegen Sie Ihren Chef mit der Kraft Ihres unvergleichlichen Geistes!« oder aber auch »Nimm ab heute deine Zukunft in die Hand!«

Ernstzunehmende Literatur steht leider allzuoft im Bücherregal neben neuzeitlichen Auswüchsen geldgieriger Schreiberlinge, die die seelische Not ihrer Mitmenschen radikal ausnützen.

Der Run auf östliche Mystik, Esoterik und transzendentales Denken ist sicher ein Zeitzeichen, dem mehr Beachtung geschenkt werden sollte, denn vielfach sind die Auslöser für diese »Flucht in die Irrationalität« krankheitsbedingt. Der Umgang mit Krankheit will neu gelernt werden, und die Hypnose kann eine Brücke sein, über die man einen Weg zu einem neuen Körper-Seele-Verständnis findet. Wilhelm von Humboldt sagte einmal:

»Es wird die Zeit kommen, wo es als Schande gilt, krank zu sein, wo man Krankheiten als Wirkung verkehrter Gedanken erkennen wird.«

Ob diese Zeit tatsächlich gekommen ist, bleibt weiter fraglich, doch fest steht, daß die Beschäftigung mit fernöstlicher Denkart zwecks Selbstverwirklichung und »Erkenne dich selbst« aus einem Defizit entsprang, das in westlichen Breitengraden dramatische Dimensionen angenommen hatte.

Die Lösung seiner individuellen Probleme im chinesischen Orakelbuch I Ging oder in der indischen Lebensanleitung Bhagavad-gita zu suchen, bleibt natürlich jedem selbst überlassen, generell läßt sich jedoch sagen, daß jeder Weg zur Selbstfindung oder Harmonisierung über die Versenkung, Meditation und Konzentration führt. Prinzipiell ist es völlig gleichgültig, ob man in dieser Hinsicht der Lehre des Zen, der verschiedenen Yogarichtungen oder des Sufismus anhängt – der Meditationseffekt bedeutet letzlich immer eine Konzentration auf sich selbst oder ein bestimmtes selbsterwähltes Objekt. In dieser Hinsicht ähneln diese Versenkungstechniken sehr der Hypnose, wobei die Methode, über Hypnose ein tiefes Versenkungsstadium zu erreichen, eine ungleich einfachere ist.

Frühe Kulturen

Wer meint, die Geburtsstunde der Hypnose habe sich in irgendeiner mysteriösen Schaustellerbude zugetragen, der sollte wissen, daß sie älter ist als sämtliche andere Heilverfahren. Sie ist so alt wie der denkende Mensch. Zwar begann die wissenschaftliche Erforschung der hypnotischen Phänomene erst im 18. Jahrhundert, doch schon das älteste bekannte Kulturvolk der Erde, die Sumerer, kannten die Hypnose und die ihr innewohnenden Heilkräfte – und das bereits vor 6000 Jahren. Die sumerischen Priesterärzte heilten Kranke durch Suggestion im Schlaf. Wir wissen das, weil die damals verfaßten Keilschriftdokumente immer wieder abgeschrieben wurden, um als Teil eines uralten, wertvollen Wissens an die nachfolgenden Generationen weitergereicht zu werden.

Die Verwandtschaft von heute praktizierter Hypnose und altindischer Meditationstechnik ist schon lange bekannt. Das Hathayoga schreibt beispielsweise vor, mit starrem Blick einen bestimmten Gegenstand zu fixieren, bis die Augen tränen, und sich danach zu versenken. Die Verwandtschaft zur heute noch sehr oft angewandten Fixationstechnik in der Hypnosetherapie ist nicht zu übersehen.

Doch nicht nur Sumerer und Inder waren sich über die Kraft und Heilwirkung der Hypnose im klaren, auch im alten Ägypten kannten Priester, die damals gleichzeitig die Rolle der Ärzte übernahmen, die heilende Kraft der Suggestionen. In dem sogenannten Papyrus Ebers, das um 1550 v. Chr. unter den Trümmern von Theben gefunden wurde, steht geschrieben: »Lege die Hände auf ihn, um den Schmerz der Arme zu beruhigen, und sage, daß der Schmerz verschwinden wird.« Die ägyptischen Priester ließen die Kranken zudem auf glänzende Metallscheiben blicken und verordneten heilenden Schlaf in bestimmten Tempeln. Sogar Zähne wurden damals schmerzfrei unter Hypnose gezogen.

Zu ihrem ersten Konkurrenzkampf mit anderen Heilpraktiken mußte die Hypnose im alten Griechenland antreten, denn die Wiege unserer modernen Medizin stand ebenfalls in Hellas. Die Anhänger des Heilgottes Asklepion (Äskulap) betrieben dort erste wissenschaftlich-empirische Studien, obwohl auch der Äskulap-Heilkult die prophetische Wirkung von Träumen zur Deutung psychosomatischer Erkrankungen mit in seine Heilpraktiken einbezog – eine Methode, die durch neueste psychologische Studien höchste Aktualität gewinnt, obwohl das Wissen darum schon uralt ist. Hierbei sieht man, daß die Trennung zwischen Psyche und Körper bei den alten Griechen noch nicht vollzogen war, und gerade diese Trennung ist es, die unserer heutigen Medizin nur allzuoft im Wege steht. Einem Relikt dieses Äskulapkultes begegnet jeder von uns übrigens tagtäglich. Der Äskulapstab, ein Stab an dem sich eine Schlange emporwindet, ist heute immer noch das Symbol des ärztlichen Standes, man findet es an jeder Apotheke. Die Asklepionpriester begannen mit hypnoseähnlichen Schlafzuständen den Kranken zu helfen. Diese mußten zunächst rituelle Waschungen und strenge Diäten über sich ergehen lassen, bis sie in einem geheiligten Tempel, in dem mit verbrannten Kräutern und mystischen Geräuschen eine entsprechende Atmosphäre geschaffen wurde, den Schlaf der Genesung erwarten durften. Der griechische Geschichtsschreiber Pausanias (160 n. Chr.) berichtet, daß es im Asklepiontempel von Epidaourous Inschriften gab, auf denen einige der wunderbaren Heilungen durch die Götter mit den Namen der Kranken, ihrer Krankengeschichten und der angewandten Behandlung eingeritzt waren. Hier ein Beispiel:

»Mein Mann litt an Magenkrebs. Als er nach Epidaurus kam und im Tempel einschlief, sah er im Traum, wie der Gott den Dienern befahl, ihn festzuhalten, während Äskulap die Bauchdecke öffnete und die Geschwulst herausnahm. Er stand am nächsten Morgen völlig gesund auf.«

Die Heilerfolge dieser Methode lassen auf die enorme riesige Erwartungshaltung jener Tempelschlafatmosphäre schließen. Die riesige Erwartungshaltung der Kranken, die in der göttlichen Heilstätte oft die letzte Chance für ihre Gesundung sahen, öffnete die Pforte ihrer Seele für die entsprechenden Suggestionen. Wie das überlieferte Beispiel zeigt, war das Bild (oder der Traum) der Heilung also schon vor der eigentlichen Gesundung im Bewußtsein des Mannes verankert. Der Mann hatte seine Heilung schon verinnerlicht, der heilige Tempel diente sozusagen nur als Operationstisch.

Ganz ähnlich wie diese Heilstätten wurden auch die berühmten Orakel betrieben, derer sich die Griechen zur Weissagung bedienten. Eine Priesterin, die Pythia, sprach in einem Trancezustand den Willen der Götter nach. Auch hier war das Showelement für die Wirkung ausschlaggebend, denn mittels gespenstischer Erscheinungen, mysteriösen Düften, Gesängen und einer langwierigen Vorbereitungsprozedur wurde der Orakelkunde praktisch auf das Ergebnis der Weissagung programmiert. Doch zu der Neugier der Orakelbesucher gesellte sich auch immer eine gehörige Portion Angst. Gustav Flaubert schrieb einmal:

»Delphi ist einer der schönsten Orte Griechenlands, voller Geheimnis, Größe und religiöser Schrecken.«

Die Antworten der Pythia waren meist doppeldeu-

tig und konnten, wenn sie vom Frager negativ interpretiert wurden, oft auch zu dessen jähem Ende bei-
tragen – ein Beweis für die Wirkung von Negativsug-
gestionen.

Von Griechenland nach Rom war es nur ein kleiner
Schritt. Die Römer übernahmen nicht nur einen großen Teil der Götter und Mythen der Griechen, sondern
auch die damit verbundenen Kulte und Weihehand-
lungen. Zwar haben die Weissagungspraktiken und
der Aberglaube an die Kraft und Gewalt antiker Götter wenig mit der heutigen Hypnose als Therapie zu
tun, aber die Bereitschaft der Römer, zu »glauben«
und bei Fragen des Kriegsglücks und des persönlichen
Schicksals auf die Weissagungen der Götterwelt zu
vertrauen, war der ideale Nährboden zur Realisierung
dieser »göttlichen Suggestionen«, die natürlich auch
nur Interpretationssache der jeweiligen Priester waren.

Wir stehen den altertümlichen Berichten über
Wunderheilungen durch Handauflegen oder über heilenden Tempelschlaf äußerst skeptisch gegenüber,
aber das ist eher ein Problem unserer Zeit. Unser oft
uneingeschränktes Vertrauen in die moderne Medizin
ist prinzipiell dasselbe, die Hoffnung auf Heilung ist
auch in der modernen Apparatemedizin immer noch
die halbe Miete. Die damaligen Behandlungsmetho-
den mögen vielleicht primitiver gewesen sein und wissenschaftlich kaum fundiert, andererseits war die Bereitschaft der Bevölkerung, unerklärliche Phänomene
als Ursache ihrer Krankheit hinzunehmen, gleichzeitig die Quelle der Kraft, mit der sie ihre Krankheiten
überwanden.

Mit Opfergaben, die die Priester auch gern mal in die eigene Tasche steckten, wurde der erzürnte, krank machende Gott wieder besänftigt und der eigenen Genesung stand nichts mehr im Wege, wenigstens zu einem gewissen Grad – Knochenbrüche und andere irreparable Schäden waren auch für die Götter nicht heilbar.

Christentum

Auch die Wunderheilungen Christi und anderer heiliger Menschen, die durch bloßes Handauflegen Blinde sehend, Taube hörend und Lahme gehend machten, sind bestimmt nicht erfunden – im Gegenteil, die Ausstrahlung und Suggestivkraft dieser Menschen muß ungeheuer groß gewesen sein. Dazu kam noch, daß die Menschen schon lange auf den angekündigten Heilsbringer oder Messias warteten, der sie aus ihren mißlichen Lebenssituationen in ein besseres Leben führen sollte – jeder potentielle Wunderheiler kam da natürlich gerade recht.

In der antiken Welt Griechenlands oder Roms, aber auch in den alten Hochkulturen im Zweistromland, in Sumer, Assyrien oder Babylonien, überall wimmelte es von Göttern, Geistern, Nymphen und Dämonen. Wunderheilungen, mysteriöse Geistererscheinungen und magische Rituale waren dort an der Tagesordnung und bedeuteten für die Menschen damals etwa dasselbe wie für den heutigen Christen der sonntägliche Gottesdienst oder das abendliche Gebet. Als diese beiden Welten, also Heidentum und Christentum aufeinanderprallten, mußte natürlich eine Federn lassen. Bekanntlich hat das Christentum in unseren Breitengraden die Oberhand behalten – damit schien das Schicksal des alten Kulturgutes endgültig besiegelt, denn die christlichen Herrscher räumten gewaltig unter den magischen Praktiken auf, allerdings nur, um sie kurze Zeit später unter dem Deckmantel des Christentums wiederaufleben zu lassen.

An die Stelle des prophetischen Tempelschlafs traten kultähnliche Gottesdienste des sich ausbreitenden Christentums. Das Abendmahl, das für viele Menschen der alten Welt etwas absolut Grausames war, weil sie dachten, die Christen tränken Blut und äßen ihre Kinder, hatte für dieselben so viel Symbolkraft, daß sie in Trancezustände fielen und von beglückenden Wahnvorstellungen heimgesucht wurden. Das Motiv änderte sich also – die Wirkung blieb die gleiche.

Das alles soll jedoch nicht heißen, daß die Hypnose als Heilverfahren im heutigen Sinne irgend etwas mit alten magischen Praktiken und Zaubereien zu tun hat – ein Vorurteil, das bis heute überlebt hat. Diese Skepsis hat zwei Urachen: Unkenntnis und traditionelle Ablehnung gegenüber dem rational nicht hundertprozentig Faßbaren. Aber dazu später.

Wunderheilungen waren also auch im Christentum bekannt, nur die technischen Mittel änderten sich. An die Stelle von Geisterbeschwörungen und Tieropfer traten Gebete, heilige Reliquien und Weihwasser. Noch heute sagt man, der Teufel scheue das Weihwasser.

Mittelalter

Je höher die geistliche Autorität, desto größer waren auch deren Heilerfolge. Im christlich übersteigerten Mittelalter sagte man sogar weltlichen Herrschern wie Karl dem Großen, Otto dem Großen sowie den Königen von England und Frankreich besondere Heilkräfte nach. Natürlich wurde damals nicht von Hypnose gesprochen, man kann allerdings mit gutem Recht behaupten, daß Suggestionen zu therapeutischen Zwecken angewandt wurden. Wortwörtlich steht es sogar im Neuen Testament:

»Auf die Kranken werden sie ihre Hände legen, so wird es besser mit ihnen werden...«

Wie so vieles andere auch sind Suggestionen eine zweischneidige Angelegenheit, das heißt, sie können sich auch negativ auswirken. In sehr massiver Art und Weise erfuhren das die Menschen im Mittelalter. Die Auswirkung des Aberglaubens in seiner schlimmsten Form erlebten Hunderttausende angeblicher Hexen und Hexenmeister an eigener Haut – buchstäblich, denn sie wurden verbrannt, als Opfer böswilliger Vorstellungen, die sich zeitweise zu einem wahren Hexenwahn steigerten. Die letzte Hexe kam übrigens 1782 auf den Scheiterhaufen, in einem angeblich aufgeklärten Jahrhundert!

Magie und Aberglauben stellten seit jeher in Europa eine uralte, lebendige Tradition dar und konnten auch vom Christentum und der Aufklärung nicht überwunden werden. Kartenleger haben auch in unserer Welt der Technik und sozialen Sicherheit Hochkonjunktur, überall werden Gläser gerückt und die Ahnen beschworen, eine Vielzahl von uns klopft sicherheitshalber immer noch dreimal aufs Holz, und einen Blick ins Horoskop wagt auch jeder. Dahinter mögen Zivilisationsflucht in einer entfremdeten Welt, Hoffnung auf einen neuen Sinngehalt oder einfach nur, wie Mircea Eliade sagt, die Erweiterung des Lebens nach einer weiteren Dimension, stecken, eines haben diese abergläubischen Praktiken alle gemeinsam: es sind »kulturelle Suggestionen«, die wir übernommen haben und die einen nicht zu unterschätzenden Faktor in unserer anscheinend so rationalen Welt darstellen.

Auch die Selbsthypnose und das autogene Training, die heute immer mehr Anhänger finden, haben schon ein paar Jahrhunderte auf dem Buckel. Erste Überlieferungen darüber fand man bei den Mitgliedern eines Mönchsordens auf dem griechischen Berg Athos. Die Methode war zwar recht eigentümlich, erfüllte jedoch ihren Zweck: die Mönche führten den Hypnosezustand herbei, indem sie mit beiden Augen auf den eigenen Nabel starrten. Eine recht bizarre Form der Fixationsmethode, aber wie heißt es so schön: der Zweck heiligt die Mittel.

Ein Stiefkind der Medizin
auf dem Weg zur Wissenschaft

Aufklärung

Mit der Aufklärung kam im 17. Jahrhundert der Versuch, Aberglauben, Magie und allen unerklärlichen Erscheinungen und Wunderheilungen ihre Geheimnisse zu entreißen. Alles sollte rational erklärbar und naturwissenschaftlich belegbar sein, eine Sichtweise, der leider immer noch ein Großteil der abendländischen Bevölkerung wie einem Dogma anhängt.

Schon lange zuvor sprach der große deutsche Arzt und Naturforscher Theophrastus Bombastus von Hohenheim, besser bekannt als Paracelsus (1493–1541), von gewissen »magnetischen Phänomenen«, von »krankem und gesundem Magnetismus« in jedem Menschen. Dieser Magnetismus sei die Ursache dafür, daß Menschen kraft ihrer geistigen Anstrengung Einfluß auf das geistige Wesen anderer ausüben könnten. Gesehen hatte er das bei Mönchen in Kärnten, die mittels Hypnose Kranke heilten, Paracelsus sagte auch:

»Nehmt die Einbildung und das Vertrauen weg, und ihr werdet gar nichts erhalten. Der Gegenstand eures Glaubens mag wahr sein oder imaginär, ihr werdet dasselbe Resultat erhalten.«

Gerade das ist es, wogegen die moderne Medizin immer noch vehement ankämpft, wenn sie nur die organische Komponente einer Krankheit behandelt, das seelische Leiden aber nur allzu gern belächelt oder in den Hintergrund schiebt.

Bis zum Anfang des 18. Jahrhunderts war es um die Hypnose erst einmal geschehen. Im Bann der Kirche und von der Inquisition verfolgt mußte jeder, der diese Form der Heilkunst praktizierte, mit hohen Strafen und sogar mit dem Tod rechnen. Ein jahrtausendealtes, aus den Erfahrungen und Erkenntnissen von Generationen von Ärzten und Priestern entstandenes Wissen geriet in Vergessenheit.

Mesmerismus

Der Wiener Arzt, Franz Anton Mesmer (1733–1815), war es dann, der den von Paracelsus erforschten Magnetismus wieder ausgrub und mit spektakulären Heilpraktiken, aber auch sensationellen Heilerfolgen die Hypnose wiederbelebte. Inspiriert durch die Arbeit zweier Jesuitenpater, die beide mittels Magneten Kranke von den verschiedensten Beschwerden erlösten, entwickelte Mesmer sein eigenes »Magnetismuskonzept«. Einer der beiden Geistlichen, Maximilian Hell aus Ungarn (1720–1792), behandelte seine Patienten, indem er ihnen Magnete in Form der erkrankten Organe an den betreffenden Körperteilen befestigte, und siehe da – 60 bis 70 Prozent der Kranken wurden geheilt. Eine Bilanz, bei der dem einen oder anderen Mediziner unserer Tage die Augen übergehen würden.

Der zweite Pater, Johann Joseph Gaßner (1727–1779), behandelte seine Patienten mit einem Magnetismus anderer Art, und ganz im Sinne der Kirche. Für ihn war die Ursache der Krankheit nicht organischer, sondern übernatürlicher Art, und die krankmachenden Geister und Dämonen galt es auszutreiben. Was bot sich da eher an als ein himmlischer Magnetismus, den Gaßner kraft seines göttlichen Auftrages auf die Kranken übertrug? Auch seine Erfolge waren beachtlich.

Da sich beide Therapiemethoden gleichermaßen bewährten, zog Mesmer den messerscharfen Schluß, daß weder der materielle noch der himmlische Magnetismus das Maß aller Dinge sein konnten. Er folgerte, daß es ein Fluidum geben müsse, das vom Menschen selbst ausgeht, ein Fluidum, das er »Magnetismus animalis« nannte. Dieser tierische Magnetismus hatte bei Mesmer nichts mit der Anziehungskraft eines Magneten zu tun, sondern war vielmehr ein Medium, mit dem Mesmer die wohltuende Wirkung seiner Methode begründete. Er schob also den Erfolg seiner Arbeit nicht auf irgendwelche Himmelsmächte oder Materialien, wie bis dato geschehen, sondern auf im Menschen innewohnende Kräfte. Deshalb wird Mesmer heute als der Vater der modernen Hypnose angesehen, der sie von ihrem trostlosen Dasein, das sie seit Jahrhunderten im diffusen Licht schmuddeliger Schaubuden fristete, erlöste. An dieser Stelle soll vielleicht erwähnt werden, daß das von Mesmer praktizierte Magnetisieren mit der eigentlichen Hypnose nur sehr wenig zu tun hatte, da ein wesentliches Element – der hypnotische Schlaf – bei Mesmer nicht bewußt herbeigeführt wurde. über die Phänomene des Magnetismus hat die Wissenschaft die Hypnose wieder aus dem Grab gezogen, direkt aber haben Magnetismus und Hypnotismus nur sehr wenig zu tun.

Mesmer ging bei seiner Behandlungsmethode folgendermaßen vor: Er übertrug mit Streichungen, die er von oben nach unten über dem Kranken ausführte, den »gesund machenden Magnetismus« und lud damit, wie er meinte, seine Patienten mit positiver Energie auf. Diese Streichungen nennen wir heute noch »mesmersche Striche« oder »Passes«.

Die ungeheure Wirkung und die spektakulären Heilerfolge sind sicher auch auf Mesmers imposantes Äußeres zurückzuführen. Gekleidet war er in einem togaähnlichen Gewand aus lila Seide und eine wichtige Rolle maß er der unterstützenden Heilwirkung der Musik bei. Ein Faktor, der, heute wiederentdeckt, erstaunliche Auswirkung auf den psychischen Zustand von Mensch und Tier hat. Außerdem arbeitete Mesmer in Paris auch mit magnetisiertem Wasser. Er setzt mehrere seiner Patienten in große Eichenbottiche und verband diese mit Stahlstäben, die die Kraft des heilenden Magnetismus übertragen sollten; eine Art Gruppenhypnose. Die Kranken durchlebten sogenannte »Heilkrisen«. Diese Krisen äußerten sich in konvulsivischen, also krampfhaften Zuckungen verbunden mit einer Art Hysterie. Die Wissenschaft spricht heute von einer umfassenden emotionalen Wendung und von einem schmerzhaften Übergang auf dem Weg zur Heilung. Aber keine Angst, die heutige Hypnosetherapie geht mit ihren Patienten um einiges sanfter um, vor hysterischen Zuckungen braucht sich keiner zu fürchten.

Glanz und Gloria waren bei Mesmer eng verbunden mit massiver Ablehnung und leidenschaftlicher Gegnerschaft. Auf der einen Seite verehrt und hochgepriesen fand der Wiener Arzt im vorrevolutionären Paris sogar am französischen Hof zahlreiche Anhänger und Freunde. Sogar Königin Marie Antoinette war fasziniert vom Mesmerismus.

Auf wissenschaftlicher Seite jedoch erfuhr Franz Anton Mesmer eine gnadenlose Abfuhr. Sein Verfahren, das er 1778 der Pariser Akademie der Wissenschaften vorstellte, wurde nicht einmal geprüft, sondern kurzerhand abgelehnt. Erst als sich der König persönlich einschaltete, mußte sie wohl oder übel in den sauren Apfel beißen und die hypnotischen Phänomene wissenschaftlich untersuchen. Und darin lag die Crux begraben, denn Hypnose läßt sich nur in sehr beschränktem Maße rational verstehen, wissenschaftlich begründen und schon gar nicht dadurch legitimieren. Sie ist ein Zustand, der sich fühlen läßt, den man erfahren muß. Genauso wäre es paradox, den Schlaf oder Gefühle damit zu begründen, daß bestimmte Hormone in gewissen Situationen so und so arbeiten. Ebenso absurd ist der Versuch der Wissenschaftler, emotionale Zustände, wie etwa das Gefühl der Eifersucht oder der Liebe mit physiologischen Erklärungsversuchen verständlicher machen zu wollen; Gefühle gehören nun einmal nicht in den Kopf — man muß sie leben, um ihre Wirkungen zu fühlen.

Genau diesen Fehler machten die damals berühmtesten Gelehrten der Pariser Akademie der Wissenschaften, die zusammen mit Vertretern der medizinischen Gesellschaft den Mesmerismus untersuchten. Sie erkannten zwar, daß für viele Kranke eine Entspannung, eine Entkrampfung eintrat, daß sie sich gelöster und damit gesünder fühlten, trotzdem lehnten sie das neue Verfahren als unwissenschaftlich ab. Die eindeutigen Heilerfolge, die sie sich eingestehen mußten, schrieben sie der Einbildung der Patienten zu. Wenn sie gewußt hätten, wie nahe sie des Pudels Kern mit dieser pauschalen Ablehnung gekommen waren – wer weiß, wie sich die Hypnose weiterentwickelt hätte? Der Mesmerschüler Deslon sagte damals: »Wenn die Therapie durch die Einbildungskraft die wirksamste ist, warum sollen wir uns dem nicht beugen und durch die Einbildungskraft heilen?«

Heute weiß man, daß 80 Prozent der körperlichen Leiden psychischen Ursprungs sind, »Einbildung«, wie es die Pariser Kommission wohl genannt hätte, 80 Prozent, die sich mit dem Verfahren der therapeutischen Hypnose beinahe ausnahmslos gut behandeln lassen.

Die Diskussion über das aufsehenerregende Heilverfahren wurde also im Keim erstickt, den französischen Ärzten wurde unter Androhung der Einziehung ihres Diploms verboten, auch nur über dieses Thema zu reden. Der Mesmerismus aber hatte seine Wellen schon über Frankreichs Grenzen hinweg geschlagen, und so wurde die Lehre Mesmers bald international geprüft.

Das Verdienst Franz Anton Mesmers für die mo-

derne Psychologie, insbesondere für die Hypnosetherapie ist beachtlich. Auch wenn er seine Theorien des
Fluidums beinahe fanatisch verteidigte, die kurze Zeit
später ad acta gelegt wurde, so gab er doch entscheidende Anstöße zur weiteren Erforschung der hypnotischen Phänomene. Andere Aspekte der Hypnose, die
Mesmer selber nicht sonderlich achtete, wie die der
Suggestion, des Rapports und des Somnambulismus,
sollten bald von seinen Schülern, aber auch von seinen
Skeptikern entdeckt und erforscht werden.

Erwähnenswert scheint mir noch die Frage, warum
Mesmers Untersuchungen in dieser Zeit des Rationalismus auf so fruchtbaren Boden fielen. Der französische Psychotherapeut Leon Chertok dazu:

»Das Ende des 18. Jahrhunderts fiel in Frankreich
mit dem Auftauchen der romantischen Empfindsam-
keit zusammen, da die gefühlsmäßigen Bedürfnisse,
die lange durch die Gebote des Zeitalters der Vernunft
unterdrückt worden waren, volle Befriedigung verlangten ... sein magnetisches Fluidum bekam sofort
einem mystischen Charakter.«

Die Hypnose als Heilverfahren muß sich auch heute
noch oft den Vorwürfen der Obskurität und Magie
erwehren, obwohl sie das schon lange nicht mehr
nötig haben sollte. Sie wird heute von immer mehr
Ärzten als eine »sanfte Medizin« sehr geschätzt, die
ohne Chemokeule und Skalpell auskommt und trotzdem unschätzbare Dienste leistet.

Ein Stein kam ins Rollen

Während Mesmer immer noch seine Theorie vom animalischen Magnetismus verteidigte, entging ihm, daß
einer seiner Schüler, der Marquis de Puységur, eine
für die weitere Entwicklung wesentliche Entdeckung
machte. Er entdeckte, daß auch der animalische Magnetismus nicht das Ei des Kolumbus sein konnte,
denn er erzielte die gleichen Heilerfolge durch die
bloße Einschläferung und anschließende suggestive
Behandlung der Patienten. Damit war ein weiterer
Meilenstein gesetzt: der künstlich herbeigeführte
Somnambulismus in Verbindung mit der Verbalsuggestion.

1814 kam ein Mann nach Paris, der der Theorie des
Fluidums endgültig den Garaus machte: der portugie-
sische Geistliche Abbé Faria. Beeindruckend muß
schon seine bloße Erscheinung gewesen sein, kein
Wunder also, wenn rund die Hälfte seiner Patienten
durch einen einzigen Befehl »dormez!« (Schlafen
Sie!) in Hypnose versanken. Faria machte eine entscheidende Entdeckung: die Suggestion als das Moment der eigentlichen Heilung. Darauf baut unsere
heutige Suggestionslehre auf.

Eigentlich um die Hypnose als Scharlatanerie zu
entlarven, beschäftigte sich der aus Manchester stam-
mende Augenarzt James Braid (1795–1860) mit den
ihm unglaubhaft vorkommenden Experimenten, die
er bei einem berühmten Magnetiseur namens Lafon-
taine gesehen hatte. Als Augenarzt hatte er oft feststellen können, daß seine Patienten anfingen mit den
Lidern zu flattern, wenn sie längere Zeit auf einen

Punkt schauen mußten. Dasselbe konnte er nun bei Lafontaines Versuchspersonen beobachten. Skeptiker, der er nun einmal war, überprüfte er seine Vermutungen in seiner Familie und bei seinen Freunden. Zu Braids großem Erstaunen versanken alle nach kurzer Fixierung eines glänzenden Gegenstandes in einen hypnotischen Schlaf. Ein weiterer Beweis für die Nichtexistenz eines animalischen Magnetismus war erbracht. Wie schon erwähnt war diese Fixationsmethode doch nicht ganz so neu, Yogis in Indien und Mönchsorden im Mittelalter operierten mit dieser Methode schon jahrhundertelang – trotz allem, Amerika wurde bekanntlich auch mehr als einmal entdeckt. James Braid verdanken wir übrigens auch den heutigen Namen Hypnose. Er leitete ihn aus dem griechischen hypnos = Schlaf ab, obwohl die Hypnose nur ein schlafähnlicher Zustand ist.

Durch Braids Entdeckung, die im übrigen von seinen Ärztekollegen nur mit Hohn bedacht wurde, war die Hypnose endgültig von ihrem mysteriösen Image, der ihr während des »magnetischen Zeitalters« noch anhaftete, befreit worden – wenigstens in einigen Wissenschaftskreisen.

Das 1843 von James Braid veröffentlichte Werk kam wenige Jahre später dem Pariser Arzt Auguste Ambroise Liébeault (1823–1904) in die Hände und dieser bestätigte Braids Erkenntnisse durch eigene Nachforschungen. Liébeault war es dann auch, der erstmals die psychologischen Faktoren der Hypnose untersuchte. Er heilte unter anderem viele Kinder, die an Bronchitis, Keuchhusten, Erbrechen usw., also zumeist psychosomatischen Krankheiten, litten. Auf seine Arbeit – 1866 veröffentlichte er das Werk *Der künstliche Schlaf und ähnliche Zustände*, das nur ein einziges Mal verkauft wurde – wurde wenige Jahre später Professor Hypolyte M. Bernheim (1843–1919) aufmerksam. Beide zusammen setzten die Hypnose in der Klinik von Nancy ganz gezielt zu Heilzwecken ein: die »Einbildung«, ausgelöst durch Verbalsuggestion, hatte sich als Heilkraft endlich etabliert.

Bernheim und Liébeault waren die Begründer der sogenannten *Schule von Nancy*. Diese ging von der Hypnose als einem normalen Phänomen aus und stand damit im krassen Gegensatz zur *Pariser Schule* des Professors Jean Martin Charcot (1825–1893), die darin einen pathologischen Zustand, nämlich eine künstlich erzeugte Hysterie sah. Die unterschiedliche Auffassung ist wohl darauf zurückzuführen, daß Bernheim und Liébeault mit Gesunden experimentierten, Charcot hingegen Geisteskranke behandelte. Die Gegnerschaft beruhte außerdem noch auf der Tatsache, daß Charcot weiterhin dem materiellen Magnetismus, also der Lehre von der Magnetwirkung der Metalle auf den Menschen anhing – Sieger dieses Wissenschaftsstreits blieb letztlich die *Schule von Nancy*. Heute ist man sowieso davon abgekommen, die Hypnose bei schweren Geisteskrankheiten, wie zum Beispiel Schizophrenie, Epilepsie oder Debilität anzuwenden, da sich die Symptome dieser Erkrankungen auch im hypnotischen Schlaf nur schwer kontrollieren lassen.

Auch Sigmund Freud (1856–1939), heute allgemein als Vater der Psychoanalyse bekannt, war Schüler dieser beiden Schulen. In Nancy lernte er die Technik der Hypnose kennen, der er seine ersten psychoanalytischen Entdeckungen verdankte. 1923 sagte er ausdrücklich:

»Man kann die Bedeutung des Hypnotismus für die Entstehung der Psychoanalyse nicht überschätzen. In theoretischer wie therapeutischer Hinsicht verwaltet die Psychoanalyse ein Erbe, das sie vom Hypnotismus übernommen hat.«

Oft wurde darüber spekuliert, was der eigentliche Anlaß von Freuds Abwendung von der Hypnose war. Zu der damaligen Zeit kannte man sich nur sehr wenig mit dem Phänomen der Übertragung und Gegenübertragung, also der psychischen Verbindung von Therapeut und Patient, aus. In seiner *Selbstdarstellung* schilderte Freud selbst, welches Ereignis ihn von der Hypnose weg zu der Entdeckung der Psychoanalyse führte. Als eine Patientin ihm urplötzlich die Arme um den Hals schlang, interpretierte er diesen Vorfall so:

»Ich war nüchtern genug, diesen Vorfall nicht auf die Rechnung meiner persönlichen Unwiderstehlichkeit zu setzen und meinte, jetzt die Natur des mystischen Elements, welches hinter der Hypnose wirkte, erfaßt zu haben. Um es auszuschalten oder wenigstens zu isolieren, mußte ich die Hypnose aufgeben.«

Doch auch in der Psychoanalyse begegnete ihm die Übertragung wieder, die die Grundlage jeder effektiven Psychotherapie ist. Freuds überschwengliche Erfahrung mit seiner Patientin ist bestimmt nicht repräsentativ für eine normale Hypnosebehandlung und läßt sich wohl eher auf Freuds mangelnde Erfahrung mit den hypnotischen Phänomen zurückführen.

Ein weiterer Schüler der *Schule von Nancy* war Emile Coué (1857–1926), der eine wesentliche Entdeckung machte. Er erkannte nämlich, das die Fähigkeit und auch die Möglichkeit zur Heilung allein im Patienten liegt. Jeder Mensch ist eigentlich sein eigener Arzt, wer wirklich gesund werden will, kann sich über die Hilfe der Hypnose eine ideale Grundvoraussetzung zur Eigenheilung schaffen. Coué entwickelte somit die Autohypnose, obwohl hier anzumerken ist, daß prinzipiell jede Art von Hypnose eine Autohypnose ist, der Therapeut unterstützt, vertieft und steuert den Vorgang allenfalls. Coué stellte fest, daß ein Hypnotiseur seine Patienten nur so weit beeinflussen kann, wie diese es eben auch nur zulassen. Der Hypnotiseur fungiert, während der Sitzung eigentlich als Katalysator für die Vorstellung, die im Patienten schon verankert ist. Die Bilder oder Suggestionen, mit denen der Therapeut arbeitet, sind zunächst noch leer und formlos, ausmalen und gestalten muß sie jeder von sich aus, sonst bleiben die Suggestionen wirkungslos. Deshalb können einmal gegebene Suggestionen vom Kranken wie eine Medizin zu Hause so oft eingenommen werden, wie er will — es kommt auf jeden selber an, was er aus ihnen macht! Coué prägte den Lehrsatz:

»Nicht der Wille ist der Antrieb unseres Handelns, sondern die Vorstellungskraft.«

Allein die intensive Vorstellung des Gesundseins und des Gesundseinwollens kann Berge versetzen. Darüber hinaus erkannte Coué die außerordentliche Wirksamkeit der Wiederholung von Suggestionen. So mußten seine Patienten immer und immer wieder den

Satz sprechen: »Es geht mir von Tag zu Tag und in jeder Hinsicht immer besser und besser.«

Seine Methode fand zunächst große Resonanz und wurde sehr populär. Dann jedoch, zu einer Zeit, als die Hypnose in Frankreich in Mißkredit geriet, wurde sie, wie so viele andere wichtige Erkenntnisse dieser Zeit, vergessen.

Nach Charcots Tod hörte man in Frankreich auf, die Hypnose zu untersuchen. Durch ihn hatte sich der Ruf der Hypnose in wissenschaftlichen Kreisen gefestigt, wohl auch deshalb, weil er hervorragende Studien über Rückenmarksleiden und Neurosen erstellte.

Der russische Forscher Iwan Petrowitsch Pawlow (1849–1936) zäumte das hypnotische Pferd von einer ganz neuen Seite auf, und zwar im wahrsten Sinne des Wortes – er experimentierte mit Tieren. Der Pawlowsche Hund ist heute immer noch ein Begriff. Bevor sich Pawlow der Hypnose zuwandte, hatte er sich schon mit Forschungen über physiologische Vorgänge, wie etwa der Blutzirkulation und der Verdauung, einen internationalen Namen gemacht. Bei einer Versuchsanordnung stellte er fest, daß ein Hund, eingesperrt in einem dunklen, ruhigen Raum, auf einen monotonen, sich immer wiederholenden Reiz mit starker Müdigkeit reagiert. Der Reiz konnte sowohl optischer Natur, beispielsweise eine Lichtquelle, oder auch akustischer Art (das Tropfen eines Wasserhahns) sein.

Pawlow erklärte sich das Phänomen damit, daß dieser punktförmige Reiz immer die gleiche Stelle der Hirnrinde erreicht, bis dort die Bedeutungslosigkeit des Reizes erkannt wird. Mittels einer »seelischen

Hemmung« reagiert das Versuchstier jeweils mit Schläfrigkit, Schlaf oder mit Hypnose. Später erkannte Pawlow, daß auch das menschliche Wort die Aufgabe dieses punktförmigen Reizes erfüllen konnte.

Nach diesem – man kann fast sagen – »goldenen Zeitalter« der Hypnose kam eine Periode des Abstiegs: Sie geriet weitgehend in Vergessenheit. In Frankreich wurde sie bereits seit Mitte der achtziger Jahre des vorigen Jahrhunderts völlig abgelehnt und bisweilen sogar als Schwindel bezeichnet. Der übertriebene Anspruch der Wissenschaft auf Nachprüfbarkeit des Gegebenen stand sich zu dieser Zeit selbst im Wege. Spätestens nach dem Ersten Weltkrieg kam – zumindest im übrigen Europa – ein neues Interesse daran auf. Richtig ernst genommen wird die Hypnose allerdings erst in den letzten Jahrzehnten. In Großbritannien wurde sie 1955 rehabilitiert, und 1958 nahm sie die American Medical Association in die medizinische Therapeutik auf. In beiden Ländern, sowie auch in der Sowjetunion, wird sie im großen Umfang zur Heilung angewendet. Den Stellenwert, den die Hypnose heute unter der weltweiten Ärzteschaft genießt, gilt es weiter auszubauen, denn immer wieder tauchen Ewiggestrige auf, die das Primat des Rationalen immer noch vor der Erfahrung einer uralten, sanften aber hocheffektiven Heilkunst stellen.

Aber auch auf wissenschaftlicher Ebene hat der Anspruch der Hypnose, sich gleichberechtigt in den Reigen anderer medizinischer Heilverfahren zu stellen, neue Nahrung gefunden. Das ist insbesondere das Verdienst von Johannes Heinrich Schultz. Professor Schultz, der 1970 im Alter von 86 Jahren verstarb, maß in den fünfziger Jahren die Gehirnströme seiner Patienten, während diese unter Hypnose standen. Der besondere Bewußtseinszustand – der sogenannte Alphazustand – ließ sich auf einem sogenannten Elektronenenzephalogramm ablesen. Ich komme an anderer Stelle dieses Buches darauf zurück.

Einen weiteren Meilenstein in der Geschichte der Hypnose setzte Schultz mit der Entwicklung des autogenen Trainings. Das Wort *autogen* ist aus dem Griechischen abgeleitet und bedeutet soviel wie »selbsterzeugend«. Das autogene Training ist sozusagen ein Kind der Hypnose und stellt, ähnlich wie bestimmte Meditationsübungen, eine konzentrierte Selbstentspannung dar. Gerade in unserer Gesellschaft, in der der Mensch kaum Ruhe für sich selbst findet, Hektik und Streß sowohl geistige als auch physische Überbelastungen erzeugen, ist das autogene Training eine wertvolle Stütze zum harmonischeren Dasein geworden. Richtig angewandt, wird man durch diese Methode eine wesentlich größere innere Ruhe, mehr Gelassenheit und Zufriedenheit finden. Sogar Leistungssteigerungen und die Beeinflussung bestimmter Krankheiten sind möglich.

Für weiteste Verbreitung der Hypnose in unserer Zeit sorgte Leslie M. LeCron. Dieser amerikanische Hypnosefachmann lehrte in seinen Kursen Tausenden von Ärzten und Psychologen die Techniken der medizinischen Hypnose sowie zahllose Laien die Handhabung spezieller ideomotorischer Verfahren zur Selbstanalyse. Mit seinen Werken *Selbsthypnose* und *Fremdhypnose, Selbsthypnose,* machte er Hunderttausende von Lesern mit auf die Wirksamkeit einfacher, aber effizienter Hypnosemethoden vertraut. Mit seinen Büchern hat er wesentlich zum Abbau landläufiger Vorurteile gegen die Hypnose beigetragen.

Die Möglichkeiten in Hypnose

Zwei Beispiele

Was steckt eigentlich dahinter, hinter diesem mysteriösen Wort, das in den meisten Köpfen zunächst ein
großes Fragezeichen entstehen läßt? Die erste Asso-
ziation gehört meist ins Reich des Aberglaubens, von
Spuk und Humbug ist die Rede und ängstliche Naturen fühlen sich gar bedroht und fürchten, daß der
böse Magier sie zum willenlosen Objekt seiner furcht-
baren Machenschaften werden läßt.

Kurt Tepperwein schildert in seinem Buch *Die hohe
Schule der Hypnose* eine eindrucksvolle Begebenheit:
»In Tanganjika stellte ein weißer Arzt bei einem
Neger 40 Grad Fieber und eine akute Blinddarment-
zündung fest. Hier konnte – nach seiner Erfahrung –
nur eine sofortige Operation helfen. Aber der Patient
lehnte diese entsetzt ab. Er ließ sich vom Medizinmann seines Stammes behandeln. Dieser zerrieb
einige Kräuter, murmelte dabei unverständlich einige
Worte und band dann die Kräuter mit Bast um den
Leib des Kranken, der ihn – wie hypnotisiert an-
starrte. Dabei legte der Medizinmann seine rechte
Hand auf den Nabel des Patienten und sagte: ›Deine

Schmerzen verschwinden jetzt, wie dein Fieber.‹ Am nächsten Tag war der Mann wieder völlig gesund.«

Der weltbekannte amerikanische Schauhypnotiseur Arthur Ellen, der jahrelang auf Massenveranstaltungen Unmengen von Menschen mit irgendwelchen sinnlosen Kunststückchen begeisterte, verließ die Schaustellerbühne, um mit seinem Wissen und Können nur noch kranken Menschen zu helfen. Rückblickend schreibt er in dem Buch *Ich hypnotisierte Tausende*:

»Meine eindrucksvollste Begegnung mit der ungeheuren Kraft hypnotischer Suggestion hatte ich in den ersten Jahren meiner Bühnenlaufbahn, als ich im Montecarloclub in Pittsburgh auftrat. Es war eine Abschiedsvorstellung an einem Samstagabend, bevor ich nach New York reisen mußte. Auf meine Bitte um Freiwillige aus dem Publikum folgte der übliche Ansturm zur Bühne. Als sich die Leute durch den Gang drängelten, fiel mein Blick auf einen Mann, der ein verkrüppeltes Mädchen auf dem Arm trug. Sein schmächtiger Körper war in einen fadenscheinigen Mantel gehüllt. Arme und Beine baumelten wie bei einer Marionette. Es war mir nicht wohl beim Anblick dieses Kindes.

›Tut mir leid‹, flüsterte ich dem Vater des Mädchens zu, ›diese Veranstaltung dient nur zur Unterhaltung, ich bin kein Arzt.‹

Inzwischen hatte er das Mädchen auf einen Stuhl gesetzt, und war im Begriff fortzugehen. ›Oh ... ich dachte, ... wissen Sie ...‹, stotterte er. ›Das Mädchen muß noch ein Jahr das Gymnasium besuchen. Aber sie hat überhaupt keine Lust. Bitte — sagen Sie ihr doch, wie wichtig es ist, jetzt durchzuhalten... nur noch ein einziges Jahr.‹«

Der Druck aus dem Zuschauerraum war natürlich gewaltig. Der Anblick des Mädchens und die Hilflosigkeit des Vaters, die das Publikum über die Lautsprecheranlage mitbekommen hatte, erschütterten die Menschen im Saal, und Ellen tat etwas, was in seiner Vorstellung eigentlich nicht geplant war. Er versetzte das Mädchen in tiefe Trance und forderte sie auf, ihr rechtes Bein zu bewegen. Und plötzlich geschah das Unfaßbare. Wie von Geisterhand hob sich das Bein. Der Vater stürmte auf die Bühne. »Mein Gott«, stöhnte er, »sie hat seit Jahren keinen Muskel mehr bewegt!«

Der Fall ging damals wie ein Lauffeuer durch die amerikanischen Medien. Dem Mädchen konnte von Ellen geholfen werden, sie wurde wieder vollständig gesund.

Natürlich, nicht jede Bewegung unter Hypnose verläuft so spektakulär wie diese beiden Begebenheiten, sie sollen auch nur dokumentieren, wie stark die Beeinflussung aus dem Unterbewußten sein kann und wie fein dieses filigrane Räderwerk Unterbewußtsein arbeitet, dessen Signale wir in den meisten Fällen gekonnt ignorieren.

Gleichzeitig kann das Beispiel der kleinen Eunice Kinzer, so hieß das gelähmte Mädchen, dazu dienen, die katastrophalen Auswirkungen von unachtsamen Äußerungen gegenüber psychisch labilen Menschen und insbesondere gegenüber Kindern zu belegen. Die Ursache lag bei Eunice weit zurück und keiner, weder Ärzte noch die Eltern, wären je auf den Gedanken gekommen, den Grund des Übels in der eigentlichen Stätte der Heilung, in einem Krankenhaus, zu suchen. Eunice wurde dort als Siebenjährige operiert. In einer von Arthur Ellen durchgeführten Regression, das heißt einer Rückführung in Tiefenhypnose berichtete sie: »Ich liege auf einem Tisch … Meine Mami sagt, daß ich operiert werde … Sie schläfern mich für kurze Zeit ein … Da sind auch zwei Krankenschwestern … Eine von ihnen sagt: »Ich fürchte, daß dieses kleine Mädchen nie wieder gehen kann!«

Diese Äußerung hätte beinahe dazu geführt, daß Eunice den Rest ihres Lebens in einem Rollstuhl hätte verbringen können – ausgelöst durch eine grobe Negativsuggestion.

Wirkungsweise der Hypnose

Über die verheerenden Wirkungen solch aufgezwungener Bilder sind sich die wenigsten von uns im klaren. Daraus entstehende funktionale Störungen bis hin zu chronischen Erkrankungen werden hingenommen oder die Symptome mit Pillen und Spritzen bekämpft. Viele psychisch bedingte Störungen, wenn nicht sogar die meisten lassen sich heilen oder zumindest lindern, ohne daß der Körper mit symptomverschiebenden Medikamenten verseucht wird. Dabei müssen nicht unbedingt die ursächlichen Gründe aufgedeckt werden, wie es die Psychoanalyse fordert. Das heilende Moment, mit dem die Hypnose in diesen Fällen arbeitet, basiert auf Entspannung, Stabilisierung und anschließender Wiederherstellung.

Aber auch wenn diese symptomorientierten hypnotischen Maßnahmen nicht zum Erfolg führen, greifen andere Methoden, die dem Ursprung der Erkrankung auf die Schliche kommen.

Diese Möglichkeiten bestehen in der Hypnodiagnose, der Hypnoanalyse und der Hypnokatharsis, auf ihre einzelnen Funktionen komme ich im Kapitel über die Hypnosetechniken noch zurück.

Warum reicht es nicht, dem betreffenden Patienten zu sagen: »Sie haben ein Problem, das liegt daran und daran, Ihre Symptome sind charakteristisch für diese und jene psychosomatisch bedingte Erkrankung. Machen Sie sich doch einfach mal Gedanken darüber, dann werden Sie schon selber darauf kommen«? Der Haken an der Sache ist folgender. Die Wurzeln einer seelischen Erkrankungen sind für den Betroffenen verdeckt – sonst wäre er ja nicht krank. Diese Verdrängung der eigentlichen Ursache geschieht meist aus einem simplen Schutzmechanismus heraus, denn alle Probleme gleich nach ihrer Entstehung aufzuarbeiten und zu lösen, das geht in den seltensten Fällen. Werden diese Probleme aber trotzdem nicht nach und nach abgebaut, das heißt, gelebt, staut sich bereits nach kurzer Zeit ein gewaltiger Gefühlsballast, der nicht ohne Auswirkungen auf das übrige Befinden bleibt – findet die Auseinandersetzung mit Gefühltem oder Erlebtem nicht statt, so manifestiert sich der nicht bewußt gelebte Konflikt auf der körperlichen Ebene als Krankheit, der Kampf tobt also weiter, nur das Schlachtfeld ist ein anderes.

Dieser Verdrängungsmechanismus kann wie gesagt fatale Folgen haben. Der hochgelobte gesunde Menschenverstand weiß, im wahrsten Sinne des Wortes, nicht mehr, was er tut, wenn er nicht zuläßt, daß das Unterbewußtsein auch noch ein Wörtchen mitzureden hat, die Kunst besteht nur darin, die Signale, die uns unserer Körper gibt, zu beachten und zu interpretieren.

Das Unterbewußtsein läßt sich über die Hypnose wesentlich besser und direkter anzapfen als mit jeder anderen Psychotherapie. Henry G. Tietze gebraucht folgendes Bild:

»Während wir einschlafen, durchfahren wir mit einem Fahrstuhl die Bewußtseinsstufen, bis wir in den Tiefschlaf fallen. Bei der Hypnose wird dieser Fahrstuhl gestoppt und bleibt zwischen zwei Etagen – nämlich zwischen Wachsein und Schlaf – stehen.«

Von dieser Zwischenetage aus läßt es sich natürlich viel besser überblicken, was alles an unverarbeiteten Erlebnissen und aufgestauten Gefühlen zwischengelagert wurde. Andererseits ist der Mensch in diesem Zustand, in diesem »halben Bewußtsein« entschieden aufnahmebereiter als im Wachzustand. Die geistigen Funktionen werden hochaktiviert, die Suggestibilität stark gesteigert. Der Hypnotiseur arbeitet nun mit ausgesuchten Bildern und Suggestionen, die die angespannte Seelenlandschaft des Patienten wieder glätten und damit Symptome zum Verschwinden bringen.

Die Wechselbeziehungen zwischen Leib und Seele sind natürlich noch wesentlich komplexer, es soll nur deutlich werden, daß die Entstehung einer Krankheit auf dieselbe Weise wieder rückgängig gemacht werden kann, indem das ursprünglich Verdrängte wieder aus der Versenkung gezerrt und mit entsprechend positiven Suggestionen neutralisiert wird.

Seelische Konflikte suchen sich bei ihrer Wahl nach einem geeigneten Austragungsort auf der Projektionsfläche Körper ein bestimmtes Organ aus, bei dem einen ist es die Lunge, beim nächsten das Herz. Jeder Mensch hat seine Schwachstelle, auch Siegfried hatte seine, wenn er auch sonst perfekt war.

Doch meist ist das betroffene Organ nicht krank im Sinne von organisch angegriffen. Die Haut, der Magen oder die Lunge haben eine gewisse Funktionsstörung, sie arbeiten nur unwillig, bereiten Schmerzen und machen in jeder Hinsicht auf sich aufmerksam.

Jedes Organ ist wie eine kleine Fabrik, die, will sie anständig arbeiten und produzieren, genug Rohstoffe, genug Personal und einen verantwortungsbewußten Chef benötigt. Diese Cheffunktion übernehmen die Hormone, die den Transport der Rohstoffe sowie die Arbeitslaune der Arbeiter koordinieren. Früher nahm man an, die Nahtstelle zwischen Körper und Seele seien die Nerven, doch da liegt ein großer Trugschluß vor, wenn man von einer Nahtstelle sprechen muß, dann spielen die Hormone diese Rolle. Die Hormonausschüttung jeder Drüse reagiert unglaublich fein auf jede psychische Veränderung und ist somit für die Regulation der Organtätigkeit verantwortlich. Suggestionen sind im weiteren Sinne psychische Veränderungen und können somit, wohldosiert, die funktionale Störung beheben.

Gefangen im Netz der Angst

Der Ausgangspunkt vieler funktionaler Störungen ist die Angst. Der schwedische Regisseur Ingmar Bergman sagte einmal:

»Es gibt keine Grenzen. Nicht für den Gedanken, nicht für Gefühle. Die Angst setzt die Grenzen.«

Diese Grenzen gilt es für den Menschen, sein Leben lang zu überwinden, denn sie sind immer der Anfang von etwas Neuem – einer neuen Lebenssituation, die meist eine Verbesserung der alten darstellt. Der Mensch ist leider ein sehr bequemes Tier, das, hat es erst einmal was erreicht, sich gerne zur Ruhe setzen möchte. Vor fast jeder Herausforderung scheuen wir uns zunächst, aus Angst, das Gesicherte wieder zu verlieren. Angst manifestiert sich immer als Enge, eine Enge, in die man sich selber hineinmanövriert und in die man sich immer weiter wie in ein Spinnennetz verstrickt. Angst bedeutet Flucht vor irgend etwas, sei es eine Prüfung, eine neue Umgebung, in der man sich nicht zurechtfindet, Beziehungsängste, Versagensängste, neue Anforderungen im Berufsleben (die Angst vor der eigenen Courage) oder aber auch die Angst vor Krankheit. Angst ist in ihrer natürlichen Funktion ein Schutzmechanismus, der uns in bedrohlichen Lebenssituationen davon abhält, ein Urinstinkt, der bis zu einem gewissen Grad sicher sinnvoll und lebensnotwendig ist. Jedes Tier besitzt diesen Urtrieb, um sein Leben zu schützen und um seine Angst zu erhalten. Jeder kennt diesen überaus sinnvollen Angstmechanismus. Wenn wir beim Autofahren beispielsweise Gefahr laufen, wegen Übermüdung einzuschlafen, und nahe daran sind, gegen den nächsten Baum zu fahren, so wird sich jeder des heilsamen Schreckens dankbar erinnern, der urplötzlich den ganzen Körper in erhöhte Alarmbereitschaft versetzt. Das Herz rast, die Muskeln sind angespannt, die Sinnesorgane hellwach, und im Gehirn laufen in unerhörter Geschwindigkeit Denkprozesse ab. Das auslösende Hormon, das diese gesteigerten Körperfunktionen ermöglicht, ist das Adrenalin; je mehr Adrenalin die Nebennieren in die Blutbahn ausschütten, desto mehr Angst haben wir. Die Angst ist aber, wie gesagt, ein körperlicher wie seelischer Extremzustand, und kein Mensch hält diesen Zustand lange Zeit durch, ohne bleibende Schäden davonzutragen. Diese Schäden äußern sich in den verschiedensten Spielarten der Krankheit: Drogensucht, Stottern, Neurosen, Fettsucht, Schlafstörungen, Impotenz und Frigidität, die Liste könnte noch Seiten füllen. Kein Medikament kann in diesen Fällen auf Dauer Linderung verschaffen – oder nur mit beträchtlichen Nebenwirkungen. Die Hypnose hat keine Nebenwirkung, da sie nur mit körpereigenen Hormonen dem körperlichen Unruheherd zu Leibe rückt – eben auf demselben Wege seiner Entstehung. Hat man darüber hinaus noch die Quelle der Erkrankung über die Hypnose in Erfahrung gebracht, wird sie ein immerwährender Faktor zur Begegnung von Ängsten und zur Stärkung des Selbstvertrauens bleiben.

Rund 20 Prozent aller Menschen teilen ein furchtbares Schicksal miteinander – sie sind depressiv. 16 Millionen Menschen sind es allein in der Bundesrepublik. Bei den Betroffenen ist die Selbstmordgefahr achtzigmal höher als bei Gesunden.

Die englische Schriftstellerin Virginia Woolf beschrieb ihre Krankheit und spricht dabei Millionen von Menschen aus dem Herzen:

»Im Bad überkam mich das dumpfe Entsetzen wieder. Erneut fühlte ich jene hoffnungslose Traurigkeit, jene Nervenkrise, wie ich sie schon einmal beschrieben habe, als wäre ich, durch einen Holzhammerschlag betäubt, schutzlos und wehrlos einer ganzen Lawine des Ausgeliefertseins preisgegeben, die sich zusammengeballt hatte und auf mich herabstürzte.«

Depressionen kannte man zu allen Zeiten, Hippokrates sprach von Melancholie, und noch Anfang unseres Jahrhunderts galt »Schwermütigkeit« als vererbbar.

Über die Ursachen der Depressionen sind sich die Wissenschaftler in aller Welt noch weitgehend im unklaren, aber es gilt als gesichert, daß schwere persönliche Entwicklungsstörungen, beispielsweise der frühe Verlust eines Elternteils, die Anfälligkeit für Schwermut erhöhen. Das Wort Depression leitet sich vom lateinischen Verb *deprimere* ab, was soviel wie »unterdrücken« bedeutet. Dieses Unterdrücken ist das Hauptproblem, das den Depressiven immer wieder aus der Bahn wirft. Das Unterdrücken von Aggression, Verantwortung und die damit einhergehenden Schuldgefühle und Selbstvorwürfe sind charakteristische Züge eines Depressiven.

Keiner sollte sich Sorgen machen, der ab und zu für ein paar Tage die Flügel hängen läßt und sich am liebsten beerdigen lassen möchte, das sind normale Schwankungen im Gefühlshaushalt der Seele, die man benötigt, um auch die Lust und Lebensfreude wenig später gebührend honorieren zu können. Diese Schwankungen sind gesund und normal – ohne Tiefen wären Höhenflüge relativ langweilig.

Der wirklich Kranke erlebt die Depression in Schüben der Angst, ist geistesabwesend und oft tagelang unfähig, auch nur die geringsten Arbeiten zu vollbringen.

In diesen Fällen muß der Therapeut sehr vorsichtig und geduldig vorgehen, er muß diese Menschen umprogrammieren, die Ängste mit positiven Bildern abbauen und das Selbstbewußtsein stärken. Ein Anfangserfolg mittels Hypnose läßt sich sehr schnell erzielen, aber eine dauerhafte Heilung ist damit noch nicht gegeben. Erst eine längere Therapie in der kombiniert mit Antidepressiva gearbeitet werden kann und sich eine eingehende Gesprächsanalyse anschließt, kann den Depressiven auf vollkommene Heilung hoffen lassen.

Fast unbegrenzt einsetzbar – die Hypnose

Ein sehr weites Feld hat sich die Hypnose auch auf dem Gebiet der Nikotinentwöhnung erobert. Die Behandlung ist relativ einfach und kann nach zwei-, dreimaliger Behandlung sehr leicht vom Patienten allein fortgeführt werden. Einzige Voraussetzung: der Wille zum Abgewöhnen muß dasein. Auch für die Alkoholentwöhnung bietet sich Hypnose an. Jahrhundertelang war Alkoholismus eine regelrechte Tabukrankheit. Sehr viele litten daran, aber keiner konnte sich seine Krankheit eingestehen. Dem Alkoholiker ist

50

von medizinischer Sicht aus sehr schwer zu helfen, denn auch wenn die Trunksucht zum Stillstand gebracht wurde, so bleibt der Mensch sein Leben lang ein Alkoholiker, der beim kleinsten Tropfen Alkohol die typischen Suchtsymptome aufweist. Trotz allem kann sich der Alkoholiker mit der Selbsthypnose eine gute Ausgangsbasis für die Bewältigung seiner Sucht schaffen. Auch hierbei ist, wie bei allen Drogenabhängigkeiten, der selbständige Wille zum Aufhörenwollen unerläßlich.

Zu den bevorzugtesten Anwendungsgebieten der Hypnose zählt die Geburtshilfe. Zehntausende von Frauen haben mittels Hypnose die Entbindung mit einem Minimum an Schmerzen und Unannehmlichkeiten überstanden. Jeder Facharzt, der sich ihrer bedient hat, bezeichnet sie als ideale Methode nicht nur vom Standpunkt seiner Patientin aus, sondern auch von seinem, weil sie seine Arbeit sehr erleichtert. Auch das Baby profitiert, denn um die Mutter vor den Entbindungsschmerzen zu narkotisieren, würde man unweigerlich auch das Neugeborene schädigen, da Mutter und Kind vor der Abnabelung noch keinen getrennten Blutkreislauf haben.

Die Hypnose leistet aber noch viel mehr. Kennzeichnend für den hypnotischen Zustand ist eine wundervolle Ruhe und Entspannung aller Nerven und Muskeln, kurz des ganzen Körpers. Wissenschaftler haben in langen Versuchsreihen immer wieder bestätigt, daß eine Hypnosesitzung wesentlich mehr Erholung verspricht als der normale Tiefschlaf. Man atmet ruhig, gleichmäßig und fühlt sich ausgesprochen wohl. Starke Erregung wird beruhigt und abgebaut.

Jeder von uns weiß, wie schwer es ist, gleich nach dem Streß in der Arbeit und dem Stau auf dem Nachhauseweg, abzuschalten. Einer gewissen Regenerationsphase unterliegen alle, nur wird bei vielen diese Regenerationspahse zu einem Abend vor dem Fernseher. Wie viele Ehen sind schon an dem Problem zerbrochen, daß der liebe Gatte am Abend nichts anderes will als seine Ruhe, sein Bier und seine Sportschau. Dieses Verhalten ist nur natürlich, denn wer möchte schon nach einem arbeitsintensiven Tag noch die Welt aus den Angeln heben?

Der Karrieredruck, dem sich beinahe niemand mehr entziehen kann, hat gravierende Einschnitte in unserem sozialen Umfeld zur Folge.

Wir haben keine Zeit mehr für nichts und niemanden, die steigenden Anforderungen unserer Leistungsgesellschaft lassen kaum Raum für die Entwicklung zwischenmenschlicher Beziehungen, geschweige denn für ein selbstkritisches Umgehen mit der eigenen Persönlichkeit. Schauen sie einmal in den Wohnungsmarkt ihrer Tageszeitung. Die Mehrzahl der zu vermietenden Wohnungen sind Ein- oder Zweizimmerwohnungen – der Single und seine hochgepriesene persönliche Freiheit sind die Trendsetter unserer Zeit. Gleichzeitig bedeutet diese Tendenz zum Einpersonenhaushalt Abschottung vor Zweisamkeit und einer selbsterwählten Isolation, an der viele zugrunde gehen. Dieser Hang zur Einsamkeit, so überspitzt es auch klingen mag, ist eine weitere Facette der Angst, die sich als Flucht und Abschirmung in die eigenen vier Wände manifestiert.

Vor allem die Deutschen aus den neuen Bundesländern haben mit Problemen zu kämpfen, weil das gestiegene Arbeitsleistungsniveau und andere soziale Schwierigkeiten die Tendenz zur passiven Resignation am Abend noch verstärken. Lebensangst und Frustration sind die Folgen, es fehlt ein Ausgleich zwischen Arbeits- und Privatssphäre.

Dieses Defizit kann die Hypnose wunderbar auffangen. Vor allem über die Selbsthypnose lassen sich eine Vielzahl emotionaler Engpässe besser durchschreiten, Harmonisierung und ein positiveres Weltbild sind die Folge. Das Leben gewinnt mit der Kraft der Hypnose an Qualität. Ein zartes Pflänzchen namens Lebensmut kann über die Hypnose Kraft und Nahrung finden; den Weg aus der Isolation muß keiner fürchten.

Nutzen Sie Ihre Fähigkeiten!

Aber nicht nur das. Die Hypnose ermöglicht es auch, ungeahnte Kraftreserven sowie eine beachtliche Kreativität zu mobilisieren, die in jedem Menschen stecken. Über das volle Potential unserer Fähigkeiten sind sich die wenigsten von uns im klaren, oft stagnieren wir wegen unserer Selbstzweifel auf einem relativ niedrigen Niveau.

Der russische Professor Raikow führte vor wenigen Jahren ein Experiment mit 150 Oberschülern und 50 Studenten durch. Er versetzte sie für geraume Zeit in Tiefenhypnose. Sie entwickelten erstaunliche Fähigkeiten: im Malen, Töpfern und im Glasblasen. Fremdsprachen erlernten sie in der Hälfte der sonst dafür vorgesehenen Zeit und sogar das Schachspiel wurde für sie überschaubarer. In einem anderen Experiment an der Tübinger Universität wurden Staatsexamenskandidaten mit erheblicher Prüfungsangst (ein Großteil war bereits einmal durchgefallen) mit Hypnose auf die große Abschlußprüfung vorbereitet. Im Gegensatz zu ihren Kommilitonen, die sich normal vorbereitet hatten, bestanden alle.

Für herzkranke Menschen stellt sich mit der Hypnose eine ungeahnte Möglichkeit dar, das kranke Herz auf schonende Weise zu trainieren. Diese Menschen bewegen sich oft in einem Teufelskreis. Auf der einen Seite müssen sie ihr krankes Organ mit Sport und viel Bewegung auf Trab halten, auf der anderen Seite stellt eine zu hohe Belastung einen Risikofaktor dar. Der Hypnosearzt kann nun den Patienten wohldosiert mit entsprechenden Suggestionen »laufen lasen«. Blutdruckmesser und Elektrokardiogramm kontrollieren dabei ständig die Belastungsgrenze. Über diese Meßinstrumente läßt es sich auch belegen, daß der Kranke wirklich auf Hochtouren war und das, ohne einen Schritt zu gehen.

Es ist sogar möglich, die körperliche Kraft bis zu einem gewissen Punkt zu steigern. Vor kurzem sah ich im Fernsehen einen amerikanischen Spielfilm, der diese Thematik bis zur Lächerlichkeit überzog. Ein schmächtiger Boxer, der in seinem nächsten Wettkampf gegen einen zweimal so großen und dreimal so schweren Mutanten antreten sollte, wurde von zwei Gangstern hypnotisiert. Sie suggeriertem ihm, er sei ein furchtloser, kräftestrotzender Herkules, der alles und jeden vernichten könne. Und so geschah es dann auch. David bezwang Goliath, zertrümmerte mit übermenschlicher Kraft ganze Trainingsanlagen und die Ganoven kassierten einen gewaltigen Wettpott.

Natürlich kann aus einem Hänftling kein Supermann gemacht werden, es ist immer nur ein vorhandenes, ungenutztes Kraftpotential freisetzbar, das bei fast keinem Menschen optimal genutzt wird. In den verschiedensten Sportarten wird sich hier der Hypnose bedient.

Der deutsche Elitetischtennisspieler Georg Böhm »trainiert« auf diese Weise, das heißt in der Wettkampfvorbereitung durchspielt er unter Hypnose mentale Streßsituationen, denen er dann im wirklichen Spiel routinierter gegenübersteht. Aber auch die Aktivierung körperlicher Leistungsreserven bietet sich für Sportler an. Der Vorteil: Die Hypnose unterliegt keinen Dopingkontrollen, die Leistungssteigerungen allerdings sind beachtlich.

Alles andere als Magie

Traditionelle Vorurteile

Noch immer sind die abenteuerlichsten Vorstellungen über Hypnose nicht aus unseren Köpfen verschwunden. Magie, Zauberei, die irrwitzigsten Phantasien über Unterjochung durch den Hypnotiseur oder der Anstiftung zu schwersten Gewaltverbrechen sind nur einige der Vorurteile, denen die Therapeuten immer wieder begegnen müssen. Sogar der Gedanke, nicht mehr aus der Hypnose erwachen zu können, läßt naive Naturen von dieser überaus sanften Medizin Abstand nehmen. Warum ist das so, worin liegen die Ursachen der Skepsis, die der Hypnose so massiv und aus allen Gesellschaftsschichten entgegengebracht werden? Endlose wissenschaftliche Experimente müßten theoretisch auch den letzten Zweifler in die Schranken gewiesen und einen Besseren belehrt haben. Es ist mittlerweile unbestreitbar, daß die Hypnose in der Medizin einen immer größeren Platz einnehmen wird, sowohl in der Suchttherapie, in der täglichen Behandlung psychosomatischer Erkrankungen, als auch in der täglichen Praxis der Allgemeinmediziner. Sogar in der Anästhesie hat sich das jahrtausendealte Wissen um die schmerzfreie Behandlung unter Hypnose herumgesprochen.

Der Weg zu der wissenschaftlichen Fundierung dieses Wissens war hart und steinig. Franz Anton Mesmer und James Braid hatten dies als Pioniere der wissenschaftlichen Hypnose zu spüren bekommen. Die Ursachen für dieses Mißtrauen sind vielschichtig. Die Kirche hat das ihrige dafür getan. Die Verfolgung und Verdammung all dessen, was wir heute als Fähigkeiten und Kräfte der Psyche erkannt haben, hinterließen in den Menschen einen tiefeingeprägten Eindruck, der sich über Generationen bis in unsere Zeit gewissermaßen vererbte. In ihm wurzelt die Tatsache, daß wir bis heute nur das Bewußte beziehungsweise das, was sich mit dem christlichen Glauben vereinbaren läßt, gelten lassen und ein tiefes Mißtrauen gegen alles nicht Greifbare, nicht Materielle hegen. Seit Descartes und Newton ist der Glaube an die uneingeschränkte Macht unserer Vernunft ungebrochen. Descartes Satz: »Ich denke, also bin ich!« geistert als absolute Maxime immer noch durch die Gehirnwindungen unserer Zeit, dabei wird ein anderer Ausspruch jenes berühmten Philosophen allzu gern unterschlagen:

»Mag auch alles, was ich mir vorstelle, jeder Gegenstand, den ich zu erkennen glaube, fragwürdig sein – es existieren doch meine Vorstellungen von diesem Gegenstand, und damit existiere auch ich, der ich diese Vorstellungen habe.«

Vorstellungen entstehen aber im Unterbewußtsein, es sind Eigensuggestionen, und somit lassen sich Vorstellungen metaphysischer Natur, wie das Leben nach dem Tod oder der Sinn des Lebens, nicht auf »vernünftige« Art und Weise lösen, sie wollen gefühlt und erlebt werden. Wer diese existentiellen Vorstellungen unterschlägt und sein Leben nur nach rationalen Gesichtspunkten ausrichtet, also nur vernünftig lebt, der raubt sich selbst viel Farbe, Intensität und Tiefe, die das Leben für uns alle bereithält.

Verknüpft mit der Newtonschen Mechanik sollte das kartesianische Weltbild für die nächsten Jahrhunderte das Verständnis der Natur, Gott und Mensch prägen und dabei alle diese Dinge zunächst unabhängig voneinander betrachten. Paradoxerweise war es dann aber die Physik zu Beginn unseres Jahrhunderts, die diese harte Trennung wieder aufhob, indem sie bewies, daß unser mechanisch-rationales Weltbild nur bedingt die Grundlage unserer Welt sein konnte und es viele Dinge zwischen Himmel und Erde gibt, die sich nicht »verstehen« lassen. Mit Max Plancks Quantentheorie, Albert Einsteins Relativitätstheorie und Werner Heisenbergs Unschärferelation stellte sich die klassische Wissenschaft selbst in Frage und nahm experimentell ein Denken vorweg, das erst in den letzten beiden Jahrzehnten zu einem Wandel in den Köpfen der Forschung und Industrie führte.

Ein gesellschaftliches Psychogramm

Die fixe Idee von der Beherrschung der Natur hat uns viele technische Errungenschaften beschert, deren Nutzen wir zwar alle anerkennen, die ökologischen Konsequenzen allerdings immer erst relativ spät überdenken. Wir lassen es uns gutgehen, die Frage ist nur, ob es uns gutgeht. Erhard Oeser dazu:

»Die Wissenschaft hat dem Menschen nie das gegeben, was er sich wünschte. Der Mensch träumte von Flügeln, die Wissenschaft hat ihm einen bequemen Sessel in einem dröhnenden Flugzeug geschenkt, das mit seinen Abgasen die Luft verschmutzt: er sehnte sich nach dem ewigen Leben und erhielt die Produkte der chemisch-pharmazeutischen Industrie und der modernen medizinischen Technik, die zwar das Leben, aber auch das Leiden verlängern können; er wollte durch die Verwandlung der unedlen Metalle in Gold unendliche Reichtümer gewinnen und häuft nun in seinem Knochengerüst Schwermetalle an, die er mit der Nahrung zu sich nimmt, er wollte Bequemlichkeit, Licht und Wärme, die Wissenschaft lehrte ihn, die nicht mehr sich erneuernden Energiequellen der fossilen Brennstoffe auszubeuten und die Atomenergie zu nutzen, die ihm ganz abgesehen von den unmittelbaren Gefahren, die damit verbunden sind, den über Jahrtausende hinweg radioaktiven Atommüll als Erbe für zukünftige Generationen bescherte.«

Der Wandel im Bewußtsein von vielen Millionen Menschen hat in den letzten Jahren zu einem neuen Selbstverständnis für Natur, Umwelt und Lebensqualität geführt. Das Durchsetzen dieser neuen Prämissen, die an die Stelle von »Fortschritt um jeden Preis« getreten sind, gilt es zu bewahren, und auch wenn es noch lange dauern wird unsere ökologischen Todsünden, wie die Zerstörung der Ozonschicht und die Verseuchung von Boden und Grundwasser, ungeschehen zu machen, so läßt sich doch wenigstens ein Hoffnungsschimmer am Horizont unserer Zukunftsperspektiven abzeichnen.

Neben diesen vordergründigen, für alle inzwischen sicht-, schmeck-, fühl- und riechbar gewordenen Degenerationserscheinungen sind es jedoch andere, die unser gesamtes soziales System ins Wanken bringen. Die Krankheitsraten steigen ständig, Wartezimmer sind meist überfüllt, Ärzte und Krankenhauspersonal hoffnungslos überlastet. Die Zahl der Selbstmörder und Drogentoten erreicht alljährlich schwindelnde Höhen. Meistens sind es seelische Verzweiflungstaten; Drogen sind als Kompensationsmittel für unbewältigt-seelische Probleme schon lange bekannt.

Die Behandlungsdauer für einen Patienten hat sich in den meisten Fällen auf das bloße Diagnostizieren und Rezepteschreiben reduziert, für einen wesentlichen Bestandteil der Behandlung, dem persönlichen Gespräch zwischen Arzt und Patient, bleibt keine Zeit mehr, ein trauriger Beleg für eine wachsende Entfremdung im zwischenmenschlichen Miteinander.

Soziologen und Psychologen haben eine zunehmende Vereinsamung der Menschen in Ballungsräumen registriert – ein Paradoxon. Vor kurzem las ich in einem Zeitungsartikel den Satz eines bekannten Soziologen:

»Wenn sich heute in einer Stadt wie London oder New York auf einer stark frequentierten Straße ein Selbstmörder mit einem Schild um den Hals AUS EINSAMKEIT eine Kugel durch den Kopf jagt, würden sich wahrscheinlich zwei Leute an den Kopf tippen, ein dritter würde das Straßenreinigungsamt anrufen, und der Rest würde den Tod des Mannes gar nicht registrieren.«

Zu diesen Problemen altbekannter Prägung fügt sich ein neues nahtlos ein. Mit der Öffnung der Grenzen nach Osten hat sich zwar der eiserne Vorhang in Luft aufgelöst, an seine Stelle ist jedoch ein emotionaler und sozialer getreten. Die Angst der Ostdeutschen, sich nicht in das Gefüge aus sozialer Marktwirtschaft und westlichem Leistungsdenken integrieren zu können, ist seit der Wiedervereinigung stetig gewachsen. Zunehmende Arbeitslosigkeit, geringe Löhne und mangelnde Arbeitsqualifikation schüren das emotionale Feuer gegenüber ihren westdeutschen Mitbürgern und – noch schlimmer – in immer zunehmenderem Maße gegenüber Ausländern und Asylsuchenden. Ehemalige Ingenieure und Facharbeiter müssen mit ganz neuen Arbeitsanforderungen fertig werden und zudem die völlig ungerechtfertigten Ressentiments ihrer westlichen Kollegen erdulden. Die schützende Decke eines totalitären Regimes wurde plötzlich weggerissen und vor allem ältere Ostdeutsche sehen sich ihrer Lebensideologie beraubt. Man kann sich vorstellen, welch ungeheures Potential an nicht zu bewältigenden Problemen in all diesen Fällen Nahrung für sozialen Sprengstoff und seelische Konflikte gibt. Der erschreckende Zuwachs an Rechtsradikalismus und Neofaschismus in den neuen Ländern sollte uns eigentlich eine Warnung sein. Nur zu oft ist bei den betroffenen Jugendlichen eine Kompensation ihrer eigenen Perspektivelosigkeit die Ursache für mutwillige Gewalt und offen zu Tage tretenden Rassismus.

Daß all diese Probleme da sind, wird keiner bezweifeln, und ich möchte hiermit kein Patentrezept für die Probleme unserer Kultur entwerfen. Andererseits scheint es mir wichtig zu erwähnen, daß diese Probleme ein Ausdruck unserer Lebensweise sind und daß viele Krankheiten und die wachsende Resignation auf eine einseitige, auf Konsum und Erfolg orientierte Denkart zurückzuführen sind. Auch die Skepsis gegenüber der Hypnose hat eine ihrer Ursachen in dieser Haltung gegenüber allem rational nicht Nachvollziehbaren, dabei bietet gerade die Hypnose sowie das autogene Training ein ideales Mittel für ein gelasseneres, selbstbewußteres Umgehen mit diesen Schwierigkeiten.

Schaubudenhypnose

Ein anderes Vorurteil verfolgt die Hypnose ebenfalls schon seit Jahrhunderten. Bis zu ihrer Rehabilitierung durch Mesmer verkümmerte sie als spektakulärer Anziehungspunkt auf Jahrmärkten und Sensationsbühnen.

Auf magische Weise angezogen verfolgen jährlich Hunderttausende auf dem Bildschirm oder live die oft makaberen Kunststückchen sogenannter Schauhypnotiseure, die ihre »Opfer« auf entwürdigende Weise, bellend wie ein Hund oder greinend wie ein Baby, der Lächerlichkeit preisgeben. Hier ist allerdings anzumerken, daß bei den Kandidaten auch immer eine Tendenz zur Selbstdarstellung, sogar ein Hang zum Exhibitionismus mitspielt. Jeder ernst zu nehmende

Therapeut lehnt solche Veranstaltung radikal ab. Schließlich würde auch kein Chirurg auf der Bühne die Schärfe seines Skalpells demonstrieren, indem er einem Zuschauer einen Fuß abschneidet, nur um durch das anschließende Wiederannähen die Fähigkeiten der modernen Medizin unter Beweis zu stellen. Vor kurzem wurde ich in Paris selber Zeuge einer solchen Show. Ein selbsternannter Magier hatte sich auf dem Centre Pompidou eine riesige Menschenmenge um sich geschart, die gebannt auf das große Spektakel wartete. Schon seine Aufmachung war lächerlich. Ein schwarzer, wallender Seidenumhang, zusammengehalten von einer roten Schärpe, dazu ein beinahe kahlrasierter Schädel. Sein schwarzgeschminktes Gesicht vervollständigte das Ensemble. Nun begann der Maskierte mit allerlei kleinen Zaubertricks das Publikum zu ködern und seiner Vorstellung den üblichen mystischen Touch zu verleihen. Dann »suchte« er sich sechs Kandidaten aus, je drei Männer und drei Frauen und plazierte sie in der Mitte des Platzes – für jeden der nun gut tausend Zuschauer sichtbar. Die Spannung stieg unaufhaltsam, nur ein leises Gemurmel machte die Erwartungshaltung der Menge deutlich. Jedem seiner Kandidaten suggerierte er nun in Sekundenschnelle, daß seine Beine steif und unbeweglich, fest mit dem Boden verwachsen seien. Die erwartete Reaktion traf ein – keiner konnte sich auch nur einen Fußbreit von seinem Platz bewegen. Der »Magier« ließ seine Opfer zappeln und wollte sie erst dann von ihrem Schicksal erlösen, wenn jeder aus dem Publikum einen gewissen Obulus entrichtete. Nachdem er eine halbe Stunde kassiert hatte und nun eigentlich seine Kandidaten befreien sollte, legte er jedoch erst richtig los. Anstatt sie von ihrem Los zu befreien, suggerierte er ihnen, daß sie die Geschlechtsteile ihres Nachbarn hätten; die Männer fühlten sich nun ausgesprochen weiblich und die Frauen männlich. Ein entsetztes Raunen ging durch die Menge, sollte der Hypnotiseur tatsächlich so viel Macht haben? Pustekuchen! Mit derlei Tricks kann sich jeder eine schnelle Mark verdienen. Ich beobachtete den Schausteller am nächsten Tag wieder und stellte fest, daß zwei der Kandidaten dieselben vom Vortage waren. Außerdem machte unser Künstler drei entscheidende Fehler. Die »Hypnotisierten« reagierten alle ohne Ausnahme innerhalb von Sekunden auf seine Suggestionen. Das ist prinzipiell nur bei einem ganz kleinen Teil möglich. Sein zweiter Fehler war, seine Kunden wahllos aus der Menge auszusuchen. Ein wirklicher Könner würde mittels spezieller Tests besonders suggestible Personen aussondern, denn kein Mensch spricht im gleichen Maße und vor allem beim ersten Mal auf die Hypnose an. Der dritte und zugleich größte Fehler war, zweimal mit denselben Simulanten zu arbeiten, denn nichts anderes waren sie. Das Publikum war letztlich begeistert, bezahlte noch einmal kräftig und ging mit dem Eindruck nach Hause, daß die unheilvolle Macht der Hypnose mal wieder unter Beweis gestellt wurde. Hüten Sie sich vor solchen Scharlatanen! Es ist schwer zu erkennen, ob sich der jeweilige Hypnotiseur wirklich mit der Materie auskennt oder ob er sein Publikum nur für dumm verkauft. Von dieser Kategorie gibt es allerdings viel zu viele. Geschadet wird dabei nur dem

Ansehen der Hypnose als effiziente Heiltherapie und ihrem Geldbeutel. Das Amüsement, was man von diesen Veranstaltungen mitnimmt, geht immer auf Kosten der Würde der Menschen, und das ist wohl auch nicht gerade im Sinne des Erfinders.

Wer hat Angst vorm schwarzen Mann?

Es gilt, noch eine Reihe weiterer Fehlvorstellungen auszuräumen. Schlechte Romane und effektheischende Spielfilme beuten auf ihre Art den Markt mit irgendwelchen Schauergeschichten aus. Kein Mensch muß sich davor fürchten, unter Hpynose irgendwelche Jugendsünden auszuplaudern. Auch die Angst vieler Frauen, vom Therapeuten als willenloses Objekt mißbraucht zu werden, ist völlig unbegründet. Sogar im tiefsten Hypnosestadium muß man nicht befürchten, irgend etwas zu tun, was man nicht auch im Wachzustand tun würde, insofern ist die weitläufige Meinung, daß der hypnotisierte Mensch als unwissendes Werkzeug von Verbrechern ausgenutzt werden könnte, völlig absurd. Es wurde einwandfrei nachgewiesen, daß ein Hypnotisierter um so stärker Widerstand leistet, je mehr ein Befehl des Hypnotiseurs seiner Persönlichkeit zuwiderläuft. Es kann immer nur latent Vorhandenes geweckt werden.

Noch eine Fehlvorstellung. Viele Menschen meinen, daß sie unter Umständen nicht mehr aus dem hypnotischen Schlaf aufwachen könnten und ihr Lebtag im komaartigen Dämmerzustand dahinvegetieren – unerreichbar, der Hypnose unterworfen. Doch selbst wenn der Therapeut aus irgendwelchen unerfindlichen Gründen abhanden käme, so würde der Hypnoseschlaf nach einiger Zeit in einen ganz gewöhnlichen Schlaf übergehen, und das scheinbar »willenlose Opfer« könnte gut erholt nach Hause gehen.

Bilder in unserer Seele – Suggestionen

Am Anfang war das Bild

Das Wort Suggestion kommt vom lateinischen Wort *suggere* und bedeutet einreden, einflüstern. Nun muß es sich bei Suggestionen nicht ausschließlich um Worte handeln, die uns der kleine Mann im Ohr ständig zuflüstert. Suggestion bedeutet im weiteren Sinn soviel wie seelisch-geistige Beeinflussung und der sind wir in beinahe jeder Situation unseres Lebens ausgesetzt – ob wir wollen oder nicht. Egal ob es der strahlende Sonnenschein ist, der beim morgendlichen Erwachen einen wunderschönen Tag prophezeit oder der mißbilligende Gesichtsausdruck des Chefs, kein Mensch kann sich vor Beeinflussung positiver oder negativer Natur schützen. Allerdings kann man ihre Wirkungen rechtzeitig erkennen und entsprechende Gegensuggestionen setzen, nur ist dies eine Kunst, die gelernt sein will und die Ihnen dieses Buch vermitteln möchte.

Das Arbeiten mit Bildern

Suggestionen bilden den Kern jeder Hypnose. Sie sind an das Unterbewußtsein gerichtet und sollen im Zuge der Heilbehandlung den Menschen in seelischer wie auch in körperlicher Hinsicht wieder ins Gleichgewicht bringen. Auf den Punkt gebracht ist hypnotisieren nichts anderes als eine optimale Empfänglichkeit für Suggestionen zu schaffen. Erst die Auswahl der richtigen Suggestionen, das Wissen um die psychosomatischen Zusammenhänge sowie ein Gespür für die individuellen Bedürfnisse des Patienten machen die Hypnose zu einer wunderbaren Heiltherapie.

Hypolyte Bernheim definierte die Suggestion als eine »Einbringung einer Idee in das Gehirn«, doch ist die Suggestion vielmehr ein Bild, das sich unauslöschlich in unser Unterbewußtsein festsetzt, um verwirklicht zu werden. Der Therapeut muß also bildhaft operieren, abstrakte Suggestionen sind wesentlich uneffektiver, eben weil man sie sich nicht vorstellen kann. Sie müssen imaginierbar sein, wie ein Spielfilm vor dem geistigen Auge ablaufen, dann erst entfalten Suggestionen ihre volle Wirkung. Der Trick dabei ist, daß man nicht an das Bild »denken« darf – zwischen Vorstellen und Denken ist ein großer Unterschied. Denken ist ein aktiver, kritischer Prozeß, der ständig versucht, das Für und Wider einer Sache abzuwägen. Dabei entstehen immer irgendwelche Zweifel, die der Realisierung der Vorstellung entgegenstehen. Viele Gläubige stoßen in ihrem Leben mehr als einmal auf dieses Problem. Jeder Christ hat seine Vorstellung von Gott, sei es ein alter Mann, der auf Wolke sieben thront, oder eine unerschöpfliche Energie, die in jedem Atom das Weltgebäude trägt. Da man jedoch seine Vorstellungen nie überprüfen kann, bleiben die Zweifel darüber, ob Gott existiert oder nicht, bei keinem Menschen aus. Die Glaubenskrisen aller Menschen entstehen aus einem Nachdenken über das Vorgestellte und in dem Moment verliert die Vorstellung an Gott an Kraft – der Zweifel lähmt den Glauben, natürlich nur bis zur Überwindung der Glaubenskrise.

Wie wenig wir gelernt haben, mit dem Phänomen Unterbewußtsein umzugehen und dessen Sprache zu erlernen, zeigt unser täglicher Umgang mit dem Sprachrohr unserer Seele – den Träumen. Das, was für andere Kulturen ein fester Bestandteil darstellt, ist für uns – auch wenn die Traumdeutung in der New-Age-Euphorie neuen, aber recht zweifelhaften Aufschwung erhalten hat – eine mehr oder weniger unbedeutende Randerscheinung. Wir registrieren zwar, daß einen ein schlechter Traum die ganze Nacht auf Trab gehalten hat, aber anschließend wird die lästige Information aus dem Unterbewußtsein so schnell wie möglich wieder dahin zurückgedrängt, wo sie herkam. Der große Schweizer Psychologe C. G. Jung meinte dazu:

»Wenn man einen Traum verstehen will, dann muß man ihn ernst nehmen und muß voraussetzen, daß er meint, was er offensichtlich sagt, denn es gibt keinen Grund für die Annahme, daß er etwas anderes sei, als er ist. Doch die scheinbare Belanglosigkeit der Träume ist so überzeugend, daß nicht nur der Träumer, sondern auch der Interpret dem Vorurteil des

›nichts als‹ leicht erliegen kann. Wann immer ein Traum schwierig und widerspenstig wird, liegt die Versuchung, ihn ganz und gar fallenzulassen, sehr nahe.«

In anderen Kulturen, wie zum Beispiel bei den Indern, stellen Träume einen ganz zentralen Wert im Leben dar. Robert Ornstein berichtet in seinem Buch *Die Psychologie des Bewußtseins* sogar von einem aktiven Betreten der Traumwelt bei den Senoi, einem Volk auf der Malaischen Halbinsel:

»Die Senoi glauben und lehren, der Träumer behalte immer die Kontrolle über den Traum, und er solle angesichts der Gefahr immer vorwärts gehen und angreifen. Dem Schüler wird beigebracht, der Traum sei ganz sein Eigentum, er schaffe sich seine eigenen Bilder. Böse oder üble Gestalten im Traum sind nur dann böse, wenn man Angst hat und vor ihnen zurückweicht. Sie scheinen nur furchterregend, solange sich der Träumer weigert, sich mit ihnen auseinanderzusetzen.« Von den Senoi könnten wir einiges lernen.

Das Unterbewußtsein reagiert nicht auf Worte, schon gar nicht, wenn Sie versuchen, dem Unterbewußtsein mit Worten etwas aufzuzwingen. Sie werden es schon alle erlebt haben. Sie können nicht einschlafen, müssen andererseits Ihr bestimmtes Pensum an Schlaf erhalten, um am nächsten Morgen fit zu sein. Eigentlich sind Sie todmüde, Sie sehen ständig auf die Uhr und geraten in Panik: »Nur noch fünf Stunden, ich muß jetzt endlich einschlafen.« Genau das Gegenteil wird eintreten, da Sie sich mit diesem Befehl derart unter Druck setzten, daß die gewünschte Ruhe bestimmt nicht eintritt.

»Wenn-Dann-Suggestionen« wirken unheimlich stark. »Wenn ich jetzt nicht schlafe – dann ...« oder »Wenn ich mit dem Aufzug fahre – dann wird mir wie immer schlecht.« Damit nimmt man sich das Ergebnis schon vorweg, nur weil man ein einziges Mal in einer ähnlichen Situation etwas Mißliches erlebt hat. Man setzt sich in diesen Fällen derart unter Druck, daß das Unterbewußtsein gar keine andere Wahl hat, als die Vorstellungen zu verwirklichen.

Diese »Wenn-Dann-Suggestionen« sind wie Stempel, die man sich selbst aufdrückt, und meistens werden sie nur im negativen Sinne gebraucht. Sie lassen sich aber auch umgekehrt einsetzen. Früher nahm ich vor jeder Prüfung ein Stück Traubenzucker zu mir und war anschließend hundertprozentig sicher: *Wenn* sich der Traubenzucker in meinen Blutkreislauf auflöst, *dann* steigert sich augenblicklich meine Konzentrationsfähigkeit und meine Leistung. Es klappte immer.

Neben der Struktur, also dem Bild, ist der Inhalt der Suggestion von großer Wichtigkeit. Die Wahl der richtigen Suggestion ist für das entsprechende Krankheitsbild entscheidend. Einem hyperaktiven Menschen, dessen Hauptproblem es ist, daß er auch nach 14 Stunden Arbeit immer noch nicht aufhören kann, darf natürlich in keinem Fall die Suggestion angeboten werden, er wäre Supermann, der keinen Schlaf brauche und rund um die Uhr Phantasievolles leisten werde. Hier ist das Können und das Einfühlungsvermögen des Hypnosetherapeuten gefragt, wobei natürlich auch die Erfahrung eine ganz wichtige Rolle spielt.

Dr. Joseph Murphy, vielen bekannt durch zahlreiche Veröffentlichungen und in den USA der bekannteste Lehrer einer positiven Lebensgestaltung, schreibt:

»Alles, was Sie sich bildlich vorstellen können und als wirklich empfinden, das ziehen Sie unweigerlich in ihr Leben.« Der große Knackpunkt bei der Hypnosetherapie ist die intensive Mitarbeit des Patienten. Es nützt überhaupt nichts, wenn die Suggestionen den Kranken nicht erreichen, weil sie zu unwirklich, für den Patienten nicht vorstellbar, oder bei ihm einfach auf einen inneren Widerstand treffen. Der Hypnotisierte muß die Suggestionen als *wirklich* empfinden; er muß fest an sie glauben und sie sich ständig vergegenwärtigen. Das Wissen darum ist uralt und Bestandteil jeder Religion. Dr. Martin Luther zum Thema Glauben:

»Demnach machet dasselbige Wort, mit Glauben angenommen und gefaßt einen neuen Menschen, auswendig und inwendig, an Leib und Seele. So man von Herzen glaubt, so wird man gerecht, daß also alle Dinge möglich sind dem, der da glaubt.«

Ein weiterer Faktor für das Wirksamwerden von Suggestionen ist die Wiederholung. Schon der französische Apotheker Emile Coué (1857–1926) war sich darüber im klaren. So sollte sich beispielsweise der Suggestionsinhalt »*Sie liegen am Strand und erholen sich. Sie hören das Rauschen der Wellen und spüren die wärmende Sonne auf ihrem Körper*« minutenlang wiederholen. Schließlich sieht es in der Realität ganz genauso aus. Kein Mensch könnte sich innerhalb weniger Sekunden am Strand erholen, und so bedarf auch eine Suggestion ihrer Zeit, selbst wenn unter Hypnose das Bild des Strandes hochpotenziert wirkt.

Suggestibilitätstests

Nicht jeder Mensch ist gleich suggestibel, das heißt, gleich empfänglich für die Bilder des Hypnotiseurs. Um die Suggestibilität zu prüfen, bieten sich verschiedene Tests an. Diese Tests schaffen zunächst auch das Vertrauen des Patienten in die Hypnose und in die Person des Therapeuten – ein ganz entscheidender Faktor für eine effiziente Therapie, ohne Vertrauen geht gar nichts. Einer dieser Tests ist der Balancetest. Er könnte womöglich so aussehen:

»Ihr ganzer Körper ist total steif, Sie fühlen sich wie ein senkrecht aufgestelltes Brett. Ihre Augen sind fest verschlossen. Sie verdrehen nun Ihre Augen bei geschlossenen Lidern zur Decke. Ihr Kopf beugt sich jedoch nicht nach hinten. Sie haben nun das Gefühl, nach hinten umzukippen, aber Sie wissen, daß ich hinter Ihnen stehe, um Sie aufzufangen. Das Gefühl zu kippen wird stärker, der Drang zu fallen wird immer größer. Wehren Sie sich nicht dagegen, ich stehe hinter Ihnen. Lassen Sie das Gefühl zu. Sie schwanken immer stärker. Sie pendeln und wollen nach hinten in meine Arme fallen, Sie schwanken, Sie fallen, Sie fallen, Sie fallen!«

Natürlich darf der Arzt seinen Patienten nicht im Stich lassen, denn fast alle Menschen fallen tatsächlich, ohne einen Ausfallschritt nach hinten zu machen – etwas, was im Normalfall keiner täte. Die Suggestibilität ist erwiesen!

Bühnenhypnotiseure wenden einen anderen Test häufig an, um geeignete Versuchspersonen für ihre Show auffindig zu machen, den Händefalttest. Das Publikum wird aufgefordert, die Hände fest zusammenzudrücken. Dann suggeriert er seinen Zuschauern, daß die Hände zusammengeschweißt seien, untrennbar miteinander verbunden. Wer aus dem Publikum auf diese Herausforderung eingeht, ist für die anschließenden Tricks bestens geeignet. Bei diesen Tests ist natürlich noch überhaupt keine Hypnose im Spiel, es handelt sich schließlich nur um eine ganz bewußte Aufforderung eines Menschen, wie wir sie jeden Tag dutzendfach erleben! Trotzdem reagieren viele Menschen allein wegen der Vorstellung, es müßte etwas passieren, mit der Konsequenz, daß sie ihre Hände tatsächlich nicht mehr auseinander bekommen.

Dem italienischen Magier Casella passierte vor einigen Jahren bei einer Fernsehübertragung folgendes Mißgeschick. Auch er redete seinem Publikum ein, die gefalteten Hände nicht mehr lösen zu können. Daheim vor dem Fernseher faltete auch der kleine Giusto Durante seine Hände – und bekam sie partout nicht mehr auseinander. Der Achtjährige wurde ins Krankenhaus gebracht, aber auch Ärzte, die mit Spritzen und krampflösenden Mitteln dem Jungen helfen wollten, blieben erfolglos. Spät nach Mitternacht schlug die Polizei bei Casella Alarm und brachte ihn dazu, mit dem Jungen zu telefonieren. Ein kurzer Befehl: »Giusto, ich zähle bis drei, und du kannst deine Hände wieder bewegen!«, und prompt lösten sich die Finger. Ein Beispiel dafür, wie stark Suggestionen

auch ohne den noch verstärkenden Hypnoseschlaf
wirken.

Suggestionen bestimmen unser Leben

Wie Suggestionen funktionieren

Unser Unterbewußtsein gleicht einem gewaltigen Rechenzentrum, das allerdings nicht mit Buchstaben oder Zahlen operiert, sondern, wie schon erwähnt, mit Bildern. Jede Emotion, jedes Erlebnis, alle Vorstellungen werden hier gespeichert. Kein Eindruck, und sei er auch noch so nichtig, geht verloren. Selbst nachts, wenn wir schlafen, verarbeitet es in unseren Träumen, was uns tagsüber bewegt hat oder was uns von innen her bedrängt. Insbesondere die Dinge, die wir ganz bewußt beiseite schieben, dringen nachts wieder an die Oberfläche. Das Unterbewußtsein ist jedoch kein Abfalleimer, in den wir alles hineinwerfen können, was uns momentan nicht in den Kram paßt. Es ist vielmehr ein Zwischenlager, das es immer wieder aufzuräumen gilt. Ansonsten kommt es zu einer Rückkopplung, der Verdrängungsmechanismus funktioniert nicht mehr, und das Unterbewußtsein versucht seinen Ballast abzubauen.

Suggestionen sind im Prinzip nichts anderes als Energien positiver oder negativer Art. Jeder sinnliche

Impuls wird vom Nervensystem in kleine Ströme umgewandelt, die in der Hirnrinde verrechnet und ausgewertet werden. Auch Gefühle sind nichts anderes als Reize und jedes Bild, beziehungsweise jede Suggestion ist mit bestimmten Emotionen verbunden. Ein Beispiel: Stellen Sie sich eine extrem unangenehme Situation vor. Angenommen, Sie haben sich vor einem halben Jahr bei einem weniger guten Bekannten Geld ausgeliehen und es ihm aus irgendwelchen unerfindlichen Gründen nicht zurückzahlen können. Jetzt begegnen Sie ihm wieder. Stellen Sie sich diese Situation gut vor. Es wird sich ein kleiner Kloß im Hals und eine gewisse Schamesröte nicht vermeiden lassen – nichts anderes als höchst unangenehme Gefühle, ausgelöst durch eine bloße Vorstellung.

Dem Unterbewußtsein ist es gleichgültig, mit welcher Art von Energie es »gefüttert« wird, es kann zwischen positiven und negativen Suggestionen nicht unterscheiden.

Die positven Suggestionen anzunehmen und bewußt zu integrieren, fällt uns meist nicht schwer. Jeder freut sich über ein schönes Kompliment, ein wertvolles Geschenk oder das wunderbare Wetter. Diese Dinge lassen sich leicht verarbeiten, sie gehen runter wie Honig, sie sind der Balsam, den unsere Seele braucht, und stauen sich deshalb nicht in unserem Unterbewußtsein. Doch diese Annehmlichkeiten sind nur die eine Seite der Medaille. Die negativen Erlebnise werden nur allzu gern verdrängt – sie wandern ins Zwischenlager und harren dort der Dinge, die da kommen. Meist kommt allerdings überhaupt nichts mehr, eine Aufarbeitung findet nicht statt.

Diese aufgestaute negative Energie verursacht, wird sie nicht abgebaut, eine Spannung, die sich ganz schnell auf die körperliche Ebene überträgt. Der Spannungskopfschmerz, der Hexenschuß oder eine simple Schulterverspannung sind nur einige der Symptome, die auf eine innerliche, seelische Anspannung hindeuten. Wie gesagt, der Energie ist es egal, auf welche Art und Weise sie neutralisiert wird, ob eben in der bewußten Auseinandersetzung mit dem jeweiligen Problem oder im Ertragen von Schmerzen. Es liegt an uns, wie wir mit unserem Leben umgehen wollen, jeder hat es selbst in der Hand. Ein simples Beispiel:

Frau Schmidt wacht morgens auf und hat schlecht geschlafen. Sie schaut aus dem Fenster, es ist Montag, und der Himmel ist mit dicken Regenwolken verhangen. Eine ideale Ausgangsposition für einen miesen Tag, ja sogar für eine schlechte Woche. Auf dem Weg zur Arbeit steckt Frau Schmidt 20 Minuten im Stau, und im Büro wird sie auch noch von einer Kollegin, mit der sie sich noch nie verstanden hat, auf ihre ständige Unpünktlichkeit hingewiesen. Der Tag wäre gelaufen, denkt man. Nach einem anstrengenden Tag, Frau Schmidt mußte sogar noch eine Stunde länger arbeiten, muß sich unsere Heldin mit wahnsinnigen Kopfschmerzen ins Bett legen.

Sie können sich selbst vor einem Dauerbombardement solcher kleiner Miesmacher schützen. Das Wichtigste aber ist zunächst einmal, die addierende Wirkung minimaler Mißstimmungen zu erkennen und im richtigen Augenblick mit passenden Gegensuggestionen dagegen vorzugehen. So läßt man lästige Kopfschmerzen und Verdauungsstörungen erst gar nicht entstehen. Mehr darüber im kleinen Abc der Autosuggestion.

Die suggestibelste Phase: Kindheit und Jugend

Schon vor der Geburt registriert ein Embryo die Sorgen, Ängste, die Freude und alle anderen Gefühle der Mutter. Das Ungeborene lebt nur unbewußt, das bewußte Erleben seiner Umwelt setzt erst in einem Alter zwischen ein bis zwei Jahren ein, eben wenn das Medium zum Kontakt mit der Umwelt, die Sprache gelernt wird. Kein Wunder also, wenn ein Kleinkind noch nicht differenzieren kann, ob sich das negative Gefühl seiner Mutter gegen es selbst richtet oder ob es »nur« als Projektionsfläche benutzt wird. Der englische Psychiater, Dr. Denys Kelsey, fand heraus, daß insbesondere Gefühle der Mutter während der Schwangerschaft wie: »Ich will dich nicht haben!« oder »Du verbaust mir mein ganzes Leben!« für das Kind prägenden Charakter haben. Das Kind spürt diesen Gedanken als geballte negative Empfindung gegen sich und wird sein Leben lang an ihm zu leiden haben.

Hypnoseexperten haben herausgefunden, daß Kinder im Alter zwischen sechs bis dreizehn Jahren höchst suggestibel sind und in sehr kurzer Zeit einen tiefen Hypnosezustand erreichen. Gerade in diesem Alter ist die richtige Erziehung von entscheidender Bedeutung. Eine unachtsame Äußerung der Eltern wird vom Kind ungleich stärker verinnerlicht, als es von den Erziehenden eigentlich beabsichtigt ist. Unüberlegte emotionale Ausbrüche können dem Kind einen bleibenden Schaden zufügen.

Eine aufgeregte Mutter kam eines Tages mit ihrer Tochter in meine Praxis. Das Mädchen war 18 Jahre alt, Tochter eines Oberstudiendirektors, und bereitete sich gerade auf das Abitur vor. Bis zum Beginn der Oberstufe hatte sie keinerlei Probleme in der Schule, im Gegenteil, sie gehörte immer zu den Besten ihres Jahrgangs. Bei der Überprüfung ihres Intelligenzquotienten stellte sich heraus, daß die junge Frau überdurchschnittlich intelligent war. Ihre Mutter berichtete mir verzweifelt, daß ihre Leistungen in den letzten beiden Schuljahren radikal abgefallen seien, vor allem in Mathe und Physik, also prüfungsrelevante Fächer, habe sie in den letzten Arbeiten einen absoluten Blackout gehabt. Inge, so der Name des Mädchens, sagte selber: »Ich verstehe das einfach nicht, ich glaube, ich bin zu dumm für Mathe und Physik.«

In der anschließenden Hypnoseanalyse war die Ursache für ihre anscheinende Dummheit schnell gefunden. Die Eltern erzogen sie immer sehr streng, verlangten Leistungen, die sie meist zu deren Zufriedenheit erfüllte. Inge liebte ihre Eltern und versuchte zu vermeiden, sie zu enttäuschen. Als sie eine Zeitlang unter den geforderten Zensuren blieb, reagierte ihr Vater mit Jähzorn: »Du bist dumm, du kannst nichts!« brüllte er sie an. Inge gestand unter Tiefenhypnose, wie sie die Ausbrüche ihres Vaters damals irritiert hatten, wollte sie doch nur ihrem Vater gefallen. Unbewußt setzte sich bei ihr das Bild der dummen

Tochter fest, ihrer Meinung war das nun die Erwartung ihres Vaters, die sie zu erfüllen hatte.

Nachdem die Ursache des Dilemmas gefunden war, konnte mit der Auflösung dieser massiven Negativsuggestion begonnen werden. In langen Gesprächen, bei denen zum Teil ihr Vater auch anwesend war, konnte das fünf Jahre zurückliegende »Mißverständnis« endlich geklärt werden. Inge und ihr Vater verstehen sich heute besser denn je, er geht toleranter mit ihr um und ist stolz auf eine Tochter, die ihm ein Superabitur vorlegen konnte.

Massenphänomene

Wie suggestibel der Mensch ist, verdeutlichen immer wieder massenhypnotische Phänomene. Jeden Tag lesen wir in der Zeitung von Massenaufläufen wutentbrannter Menschen, die eigentlich nichts anderes als ihren Unwillen über dieses und jenes zum Ausdruck bringen wollen. Die gewalttätige Eskalation wird immer nur von einigen wenigen provoziert. Wie in einem Sog wird der einzelne in die Auseinandersetzungen hineingezogen, die negativ aufgeladene Stimmung hat sich auch auf sie übertragen. Bei Krawallen in Fußballstadien oder Demonstrationen radikaler politischer Gruppierungen rechnet die Polizei immer mit einer erschreckend regelmäßig auftretenden, unberechenbaren Zahl an »Zuschauern«, die relativ unbeteiligt, in die gewalttätigen Auseinandersetzungen hineingezogen wurden. Die jeweilige Veranstaltung ist dabei nur das Ventil, über das sich lange angestaute

Emotionen entladen können, weil alle Beteiligten ähnliches empfinden. Ein Funke genügt, und der Vulkan bricht aus, wie in einer Kettenreaktion springt das Feuer über.

Propagandaminister Goebbels nutzte dieses Phänomen im Nationalsozialismus auf verheerende Weise aus. Auch Menschen, die mit den Nazis nie was zu tun hatten, konnten auf Massenkundgebungen der demagogischen Wirkkraft Goebbels' nicht widerstehen, er wäre sicherlich zu anderen Zeiten und mit einer anderen Einstellung ein guter Hypnotiseur geworden.

Wir schütteln immer wieder ungläubig den Kopf, wenn wir in Fernsehübertragungen sehen, wie sich Zehntausende Menschen bei religiösen Massenspektakeln, wie etwa dem Begräbnis des iranischen Schiitenführers Ayatollah Khomeini oder den rituellen Hinduwaschungen am indischen Ganges zu Tode trampeln, um in ekstatischer Trance ihren Glauben auszuüben. Für uns eine scheinbar fremde Welt, aber latent ist dieses Bedürfnis nach religiösem Erleben in jedem Menschen vorhanden. Denken wir an den massiven Zulauf, den Sekten verzeichnen, die gerade in den fortschrittlichsten Industrienationen wie Pilze aus dem Boden schießen. Die Irrationalität ist ein dem Menschen ureigenes, elementares Bedürfnis, wir haben das nur vergessen.

Trancepraktiken der Naturvöker

Bei den Naturvölkern ist das anders, dort hat sich das Wissen um die entspannende Wirkung tranceartiger Zustände fest in der Kultur verankert. Die uns oft seltsam anmutenden kultischen Rituale dieser uralten Menschengeschlechter sind in ihrem Kern nichts anderes als Hypnose und Suggestion.

Die Rituale haben religiösen Charakter, sie werden nach fest vorgeschriebenen Abläufen als gesellschaftliche Höhepunkte des jeweiligen Stammes gefeiert. Egal in welche Ecke dieser Erde man schaut, die Form des ekstatischen Rausches, ausgelöst durch Hypnotismus, hat sich überall bewahrt.

Ungewöhnlich viele Tempelfeste gibt es beispielsweise auf der Südseeinsel Bali. Sie gelten einer sich ständig wechselnden Götterwelt, der die Stämme, entsprechend der jahreszeitlichen Veränderung, gedenken. Die Feierlichkeiten beginnen, indem einige Frauen eine Hymne singen. Daraufhin fallen junge Mädchen in einen merkwürdigen Tanz. Mit geschlossenen Augen, wie von einer inneren Hand geführt, bewegen sie sich ungemein rhythmisch und elegant um das Opferfeuer. Sie haben nie Unterricht im Tanzen gehabt, doch ihre Tänze wirken formvollendet. In wachbewußtem Zustand wäre jahrelanges Training nötig gewesen, um diese tänzerische Brillanz zu erreichen. Die Sängerinnen streuen Blumen auf die tanzenden Mädchen. Solange Musik ertönt, nehmen sie noch alles wahr; wenn die Musik allerdings abbricht, fallen die Mädchen in Volltrance und sinken zu Boden. Ein Tempelpriester holt sie nach einiger Zeit aus der Tieftrance zurück. Er kniet neben ihnen, betet und besprengt sie mit heiligem Wasser. Die herumstehenden Stammesmitglieder glauben, daß ein göttlicher Geist von den Tänzerinnen Besitz ergreift und sie zu Bewegungen befähigt, deren sie normalerweise nicht fähig sind.

Die Trance gilt auf Bali als erhöhter Bewußtseinszustand und ist somit eine – positive – Form der Besessenheit: die Besessenheit von einem Gott. Das hat in den Augen der Eingeborenen ebensowenig mit Geisteskrankheit zu tun wie die Besessenheit von bösen Geistern.

Ähnliche Kulte gibt es auf Haiti, in Südamerika, Afrika, auf Sumatra oder in Nepal. Selbst im christlichen Europa läßt sich eine Parallele ziehen. Die Osterpredigten des Papstes auf dem Petersplatz gelten für Hunderttausende katholischer Christen als das religiöse Highlight des Jahres.

Tranceartige Entrückungen haben bei den Christen oder Moslems dieselbe Ursache wie bei den Tänzerinnen auf Bali: Suggestionen.

Wunderheilungen und der Glaube daran sind auch nach Jahrhunderten intensivstem Rationalismus nicht ausgestorben, jährlich pilgern zwei Millionen Gläubige ins französische Lourdes, um von ihren Gebrechen kuriert zu werden – sechzig Wunderheilungen wurden von der katholischen Kirche anerkannt.

Preston Harold erklärt in seinem Buch *The shining stranger* die Wunderheilungen Christi auf folgende Weise:

»Jesus Christus konnte die menschlichen Wahrheiten nur offenbaren, weil er die Kraft der Hypnose und die Zuverlässigkeit der außersinnlichen Wahrnehmung kannte und sich ihrer bediente. Es dürfte keineswegs als Lästerung gelten, wenn man sagt, daß Jesus keine Wunder bewirkte. Seine Heilungen kamen dank der perfekten Anwendungen der Hypnose und ihrer Hilfsmittel zustande – ihrer Dynamik und ihrer Heilkraft.«

Kein Leser sollte sich an dieser Stelle zur Erschütterung seines Glaubens veranlaßt sehen, aber es lohnt sich, über Harolds provokante These nachzudenken, denn warum sollte sich Jesus nicht einer ganz natürlichen Funktion des menschlichen Geistes bedient haben. Andererseits hätte im Falle, daß Harold recht hätte, seine Idee auch Vorteile. Die Eigenheilung mittels Autosuggestion wäre »glaubwürdiger« geworden.

Suggestionen in der Werbung

Das eindringlichste Beispiel für das Wirksamwerden von Suggestionen ist die Werbung. Tagtäglich überfluten uns die Medien im Radio, Fernsehen, in der Tageszeitung und in jeder Illustrierten mit Reklame. Wir öffnen die Haustür und stehen vor einer Plakatwand oder einer Litfaßsäule. Rund um die Uhr bekommen wir suggeriert, was wir alles haben und kaufen müssen, um glücklich und gesund zu sein. Die Bilder der Werbung setzten sich in unserem Unterbewußtsein fest und auch die Werbepsychologen wissen um Coués Gesetz der Wiederholung. Ein einmal gesehener TV-Spot imponiert niemanden, auch hier macht es die Masse.

Auch wenn wir meinen, vor diesem Überangebot an nützlichen und unsinnigen Produkten noch differenzieren zu können, so entkommt doch kaum einer einem aufgezwungenem Konsumrausch, für den unsere industrielle Welt so »berühmt« geworden ist und von dem sie letztlich lebt. Ganze Generationen unterwerfen sich Modetrends, und vor allem Jugendliche laufen großteils nur noch uniformiert durch die Straßen, weil ihnen die Werbung sagt, was gerade »in« ist. Mittlerweile scheint es auf dem Bildschirm nur noch schöne, junge, schlanke Menschen zu geben, die allesamt froh und glücklich sind und nichts anderes zu tun haben, als es sich gutgehen zu lassen, sich bei Spiel, Spaß, Spannung aktiv zu erholen, ihre Kleidung ultrarein zu tragen und in geselliger Runde »light« zu rauchen. Welch ein Zerrbild unserer Welt!

Jeder meint, daß er sehr wohl weiß, in welchem Maße Werbung sein Kaufverhalten beeinflußt, das mag sein, wenigstens in einem beschränkten Rahmen. Ist der Mensch vollkommen gesund, harmonisch und ausgeglichen, dann ist er sehr wohl Herr seiner Lage. Nichts bringt ihn aus der Ruhe, er zweifelt kaum an sich und seinen Aktivitäten und jeder noch so berechtigte Vorwurf gegen ihn kann ihn nicht aus der gleichmäßigen Ruhe seines Selbstbewußtseins werfen. An seiner Stabilität ist nicht zu rütteln, und aufgezwungene Bilder haben keine Chance, ihn zu erreichen. Sobald aber eine Mißlichkeit die schöne Balance stört, wird der Mensch labil und damit anfällig für Suggestionen. Das, was vorher noch an ihm abprallte, wird nun hilfesuchend angenommen. Stellen Sie sich vor, Sie haben eine Erkältung mit einem anständigen Hu-

sten, die Nase läuft, der Kopf dröhnt, der ganze Körper sagt, mir geht es mies. Wie schnell wird auf einmal
nach einer Erklärung für die Krankheit gesucht.
»Habe ich mir irgendwo einen Zug geholt, mir ging es
doch gestern noch gut?« oder »Hätte ich vielleicht
doch mehr Vitamine essen sollen?«, sind die üblichen
Fragen, die einem durch den Kopf schwirren. Die
Krankheit rückt sicht- und fühlbar in den Mittelpunkt
unseres Lebens. Mit der Suche nach der Ursache tauchen natürlich auch die Fragen der Wiederherstellung
des Gesundheitszustandes auf. Jeder Strohhalm, an
den man sich klammern könnte, kommt gerade recht.
Und plötzlich hat man wieder das Bild jenes phanta-
stischen Wundermittels vor Augen, das letzte Woche
im Fernsehen jede laufende Nase und jeden schmer-
zenden Kopf augenblicklich wieder in die Reihe
brachte. Und somit hat die Werbung ihren Zweck
erfüllt.

Sie kommen zum Hypnosetherapeuten

Der kleine Unterschied zur Allgemeinmedizin

Der typische Hypnosepatient hat in der Regel eine lange Krankengeschichte hinter sich. Eine Reihe von Ärzten wurde konsultiert, jeder Facharzt überwies den »schwierigen Fall« an den nächsten Spezialisten, der einem genausowenig weiterhalf.

Die Stimmen derjenigen, die den wunderbaren Möglichkeiten und Perspektiven der modernen Medizin eher skeptisch gegenüberstehen, sind in den letzten Jahren immer lauter geworden. Das Prestige der »Götter in Weiß« ist beträchtlich zugunsten von Heilpraktikern, Homöopathen, Akupunkteuren und Hypnoseärzten gesunken. Der Grund dafür ist nicht allein in der Stagnation der medizinisch-technischen Entwicklung zu suchen, denn gegen die Gesellschaftsgeißeln Krebs oder Herzinfarkt hat auch die Schulmedizin noch kein Patentrezept gefunden. Ansatzpunkte für Kritik gibt es in Hülle und Fülle: Zunahme der Apparatemedizin, Pharma- und Chemokeule, Nebenwirkungen, Symptomverschiebung, Kostenexplosion im Gesundheitswesen und eine dramatische Entwicklung bezüglich einer immer stärker schwindenden Menschlichkeit gegenüber dem Kranken. Die Ärzte sind überlastet, so daß für die Behandlung des einzelnen jeweils nur ein paar Minuten bleiben. Dabei wird übersehen, daß sehr viele Menschen nur aus dem Grund zum Arzt gehen, damit sich jemand mit ihren Problemen beschäftigt. Das Problem – und Krankheit ist ein sehr privates Problem – soll beachtet werden, doch der Arzt hat in den meisten Fällen nur Zeit, ein paar Pillen zu verschreiben. Es ist aber gerade die Zeit und die Ruhe des Zuhörens oft die beste Pille, die ein Arzt seinem Patienten verschreiben kann.

Jungen Medizinern, die sich während des Studiums hauptsächlich mit Dutzenden von Testaten, Klausuren und Prüfungen beschäftigen müssen, fehlt gerade in Deutschland sehr viel an praktischer Erfahrung, das Studium vollzieht sich hinter dem Schreibtisch und kaum in der Klinik, denn nur dort kann der Arzt den praktischen und zwischenmenschlichen Umgang mit seinen Patienten lernen. Besonders im englischsprachigen Raum ist die Ausbildung der Jungmediziner wesentlich praxisorientierter, vom ersten Semester stehen die Studenten in den USA, England, in Australien, Neuseeland und Südafrika am Bett des Patienten. Dieses »bedside teaching« hat den unschätzbaren Vorteil, daß sich der werdende Doktor nicht erst nach der Hälfte der Studienzeit fragen muß, ob er denn da das Richtige gewählt hat, als er damals beschloß, dereinst die Praxis des Vaters zu übernehmen.

Ein wichtiger Punkt:
Das vorbereitende Gespräch

Die Behandlungsdauer bei einem Hypnosetherapeuten kann pro Sitzung ein bis zwei Stunden betragen und ist somit ungleich länger als der normale Besuch bei einem Arzt. Dadurch wird die Behandlung selber persönlicher. Ein wesentlicher Bestandteil der Hypnose ist das Gespräch, denn nur über das kann Vertrauen geschafft werden, von dem die Heilung entscheidend abhängt. Ein guter Hypnosetherapeut wird sich vor der ersten Sitzung soviel Zeit nehmen, bis auch der letzte Zweifel ausgeräumt ist. Er wird Ihnen das Prinzip der Hypnose erklären, er wird etwaige Fehlvorstellungen ausräumen und Sie von der absoluten Ungefährlichkeit der Hypnose überzeugen. Geschieht dies nicht, wird die Tragfähigkeit der Behandlung darunter leiden, achten Sie also auf ein seriöses und vertrauenserweckendes Vorbereitunsgespräch. Der Hypnosetherapeut Hubert Scharl schreibt dazu:

»Solange zum Beispiel eine Frau befürchtet, sie könnte im Hypnosezustand wie früher einmal in Narkose sprechen und so ungewollte Einblicke in ihre Intimsphäre geben, kann sich die erforderliche Bereitschaft nicht etablieren. Der Mensch muß wissen, was Hypnose ist und, meist noch viel wichtiger, was sie eben nicht ist!«

Reise in die Zwischenzeit

Jeder Mensch erlebt die Hypnose auf seine eigene Weise. Verallgemeinernd läßt sich nur sagen, daß im »halben Bewußtsein« der Mensch eine angenehme, hochentspannende Ruhe verspürt, verbunden mit einem wohltuenden Schwere- und Wärmegefühl. Gleichzeitig erhöht sich die Aufnahmebereitschaft des Geistes, er öffnet sich wie Aladins Zauberhöhle, in der sich ungeahnte Schätze verbergen. Die Konzentrationsfähigkeit ist immer gesteigert, ablenkende Geräusche, wie zum Beispiel Straßenlärm erreichen den Hypnotisierten nicht.

Den Bewußtseinszustand, in dem man sich befindet, nennt man Alpha-Zustand. Unser Gehirn sendet in jedem Augenblick Wellen aus, die in Hertz (Schwingungen pro Sekunde) als Maßeinheit gemessen werden. Hirnströme in Frequenzen unter acht Hertz, die als Theta- und Deltawellen bezeichnet werden, treten während des natürlichen Schlafes auf. Die Gehirnwellenfrequenz im Wachzustand liegt über dreizehn Hertz, dann ist unser Gehirn in voller Aktion. Das, was dazwischen liegt – der Bereich zwischen acht und dreizehn Hertz, der sogenannte Alphazustand –, ist der Hypnose, der Meditation oder dem autogenen Training vorbehalten. Der Mensch befindet sich im Reich zwischen Wachen und Schlafen, und deshalb ist der Name »Hypnose«, was ja soviel heißt wie Schlaf, etwas irreführend. Im Gegensatz zum Schlaf spricht man bei der Hypnose von einer eingeengten Bewußtseinslage, das heißt, daß der Mensch in einer vollkommenen Ruhe nur einen bestimmten Teil seiner Umgebung (eben die Suggestionen des Hypno-tiseurs wahrnimmt), wohingegen beim Schlaf die Reizaufnahme beinahe völlig blockiert ist. Man spricht nicht umsonst, wenn auch zu Unrecht, vom Schlaf als kleinen Bruder des Todes. Thorwald Deth-lefsen vergleicht in seinem Bestseller *Schicksal als Chance* das normale Tagesbewußtsein mit einer Streulinse, mit der man ein weites Feld an Eindrücken und Bildern erfassen kann, wobei jedoch die Konzen-tration auf ein einzelnes Bild, schwer beeinträchtigt ist. Auf alles wird sich konzentriert, aber auf nichts richtig. »Ersetzt man nun aber die Streulinse mit einer Sammellinse, so konzentriert sich das Licht, und ein immer enger werdender Lichtstrahl beleuchtet wie bei einem Suchspot nur noch einen winzigen Punkt, wäh-rend die übrige Fläche nun in Dunkel getaucht ist. Die Lichtintensität in diesem einen Punkt ist ungleich größer als vorher bei der flächigen Beleuchtung. Die-ses gebündelte Licht beleuchtet nicht nur den Punkt übermäßig hell, sondern kann sogar ein Loch brennen und so in eine neue Tiefendimension eindringen.«

Die neue Tiefendimension ist unser Unterbewußt-sein, in dem sich so viele Informationen verbergen, so man unser normales Bewußtsein sehr oft mit dem Gipfel eines Eisberges verglich, dessen Macht und Tiefe mit dem Verstand nicht zu erfassen ist.

Der große Pluspunkt dieser »Zwischenwelt« ist ihre Zwitterfunktion. Auf der einen Seite erlebt man in kürzester Zeit eine phantastische Entspannung und Harmonisierung, die die des Tiefschlafes bei weitem in den Schatten stellt. Auf der anderen Seite kann man unter Hypnose ein gewaltiges Potential seiner Fähigkeiten ausschöpfen. Damit das möglich wird, muß der Kontakt zur Außenwelt, also zum Hypnotiseur hergestellt bleiben, denn er ist ihr Führer in ihrer Reise durch die Innenwelt. Dieser Kontakt heißt Rapport.

Die Kritikfähigkeit, die im Wachzustand voll aktiv ist, ist im Alphazustand herabgesetzt, aber immer noch vorhanden. Deshalb brauchen Sie keine Angst zu haben, irgend etwas Unsinniges unter Hypnose zu tun, was Sie sonst nicht täten. Sie bleiben derselbe Mensch, denn wie schon Henry Ey so treffend bemerkte: »...der Hypnotiseur besitzt nur so viel Macht, wie ihm der Hypnotisierte unbewußt gewährt.«

Tiefengrade

Wie schon erwähnt ist das Erlebnis Hypnose für jeden Menschen etwas anderes. Zu allen Zeiten versuchte man deshalb – eine große Eigenart des Menschen, daß er immer alles in Schubladen und Kategorien einordnen will – die verschiedenen Hypnosezustände in ein Schema zu pressen. Schon die Sumerer unterschieden zwischen leichter, mittlerer und tiefer Hypnose. Liébeault und Bernheim, die Begründer der Schule von Nancy waren da etwas pedantischer. Liébeault teilte die Hypnosetiefen in sechs Stadien ein, Bernheim sogar in neun. Andere Wissenschaftler erkennen fünf Tiefenstadien, doch eigentlich reicht es völlig aus, es mit den Sumerern zu halten. Die Einteilung sieht folgendermaßen aus:
1. Leichte Hypnose: Leichter Entspannungszu-

stand, Bewußtsein kaum noch aktiv. Alle nicht der Persönlichkeit widersprechenden Suggestionen werden angenommen.

2. Mittlere Hypnose: Tiefer Entspannungszustand, Bewußtsein kaum noch aktiv. Alle nicht der Persönlichkeit widersprechenden Suggestionen werden angenommen.

3. Tiefe Hypnose: Absolute Entspannung, Bewußtsein völlig ausgeschaltet. Auch unlogische Suggestionen werden ausgeführt, sofern sie nicht persönlichkeitsfremd sind. Nachher keine Erinnerung an das Geschehene.

Die Tiefe der Hypnose ist übrigens auch ausschlaggebend für eine erfolgreiche Behandlung. Leichte funktionelle Störungen organischer Natur oder Streß lassen sich sehr gut in einem leichten Tiefenstadium beheben. Hypnotisierbar ist jeder, doch nur zehn Prozent erreichen von Natur aus einen tiefen Zustand. Dieser Prozentsatz läßt sich auf rund 30 Prozent steigern, wenn bestimmte Vertiefungstechniken greifen.

Hypnosetechniken

Das Umfeld muß stimmen

Um einen Patienten effektiv zu behandeln, ist es zunächst einmal wichtig, die entsprechenden äußeren Rahmenbedingungen zu schaffen. Wie Sie sich sicher denken können, ist es nicht besonders vorteilhaft, die Hypnosepraxis in eine Fabrikhalle zu verlegen. Der Raum sollte eine ruhige Lage haben, möglichst weit weg vom Straßenverkehr oder Kinderspielplätzen. Die Farben im Raum sollten freundlich gehalten sein, zum Beispiel in Grün oder Braun, da dies die Farben sind, denen wir in der Natur Tag für Tag begegnen. Sie werden die beruhigende Wirkung einer Waldatmosphäre kennen: auch Operationsräume sind fast immer in einem sanften Grün gehalten, damit den operierenden Ärzten nicht allzu oft das Skalpell ausrutscht. Empfehlenswert ist auch eine gewisse Abdunklung des Raumes, um eine »schläfrige Stimmung« zu simulieren. Die immense Wirkung von Farbe und Licht auf unsere Psyche kann gar nicht hoch genug eingeschätzt werden. Derzeit erprobe ich eine spezielle Therapieform, die die elementaren Eigenschaften von Licht, Farbe und Hypnose miteinander kombiniert. Der Patient wird dabei unter einem Solarium, das mit verschiedenfarbigen Lichtröhren ausgestattet ist, hypnotisiert. Zu der überaus schnellen Hypnoseeinleitung bei diesem Verfahren kommt noch eine erhöhte Photosynthese der Haut hinzu, wodurch mehr Mineralstoffe und Vitamine dem Körper zugeführt werden.

Die Bedeutung von Musik während des Magnetisierens erkannte schon Franz Anton Mesmer, der übrigens ein guter Freund Mozarts war. Der wohltuenden Wirkung der Musik in beinahe allen Lebenslagen ist sich ohnehin jeder bewußt. Man muß heute nur einmal in die Diskotheken hineinschauen, um die Jugendlichen »in trancehafter Verzückung« tanzen zu sehen, dann wird man sich vorstellen, welche stimulierende Kraft Musik haben kann. Für die Heilbehandlung in Hypnose oder für ihr autogenes Training empfehlen sich die im Handel erhältlichen Meditationskassetten, die sich unterschwellig in genau dosierten, monoton-rhythmischen Schwingungen beruhigend auf das Bewußtsein auswirken und gleichzeitig von Fremdreizen ablenken. Auch ein Metronom, also ein Taktgeber, wird von vielen Hypnoseärzten als unterstützendes Instrument eingesetzt.

So wie das Metronom mit monotonen Reizen die Gehirnrinde des Patienten ermüdet, agiert auch der Hypnotiseur mit seiner Stimme. Ruhig, rhythmisch und monoton müssen die Suggestionen in das Bewußtsein eindringen – der monotone Singsang oder auch bestimmte Trommelrhythmen einiger Naturvölker anläßlicher spezieller Riten erinnert an diesen Effekt.

Wer kann wen hypnotisieren?

An dieser Stelle möchte ich noch ein Wort über die Person des Hypnotiseurs verlieren. Natürlich kann im Prinzip jeder Mensch einen anderen hypnotisieren, aber genauso wie es Unterschiede in der Suggestibilität der Menschen gibt, so gibt es unterschiedliche Suggestivkräfte. Man differenziert hier zwischen psychoaktiven und psychopassiven Menschen, wobei sich der psychopassive eher zum Hypnotisiertwerden eignet und der psychoaktive zum Hypnotisieren. Wer über eine bestimmte Ausstrahlung und Persönlichkeit verfügt und die auf andere Menschen übertragen kann, der wird beim Hypnotisieren mehr Erfolg haben als derjenige, der an seinen eigenen Fähigkeiten zweifelt. Eine gute fachliche Fundierung des Hypnosetherapeuten, wie sie im Rahmen einer psychotherapeutischen Ausbildung, an guten Heilpraktikerschulen oder bei der Gesellschaft für Hypnosetherapie und Forschung gelehrt wird, ist zwar eine unabdingbare Voraussetzung, macht jedoch allein noch keinen guten Therapeuten. Autorität, Einfühlungsvermögen, Beobachtungsgabe, Geduld und vor allem eine engagierte Selbstsicherheit sind die Attribute, die die wirkliche Heilerpersönlichkeit qualifizieren.

Der typische Managertyp läßt sich schwerer hypnotisieren als der Angestellte, der es gewohnt ist, Befehle zu empfangen. Das soll jedoch nicht heißen, daß leicht hypnotisierbare Menschen willenlos oder naiv seien. Dies ist eine sehr landläufige Meinung, aber völlig ungerechtfertigt. Genausogut könnte man behaupten, daß Führungspersonen ungeeignet für Hypnosen sind, weil sie verstockt, unflexibel und zu kopf-lastig seien. Klassifizierungen dieser Art sind absolut unsinnig.

Der in der gesellschaftlichen Hierarchie, so seltsam dieser Begriff an dieser Stelle auch klingen mag, Höhergestellte sträubt sich oft, Suggestionen anzunehmen, »sich etwas sagen zu lassen«, wohl aus dem Grund, weil er oder sie normalerweise die dominierenden Positionen innehaben. Auch hier wäre es widersinnig, den Hypnotiseur in irgendeine Machtrolle pressen zu wollen, er kann weder daran interessiert sein noch hätte es irgendeinen Nutzen.

In vielen Fällen der Hypnosebehandlung stellt sich eine gesellschaftliche Führungsrolle gar als Nachteil heraus, denn diese Menschen müssen erst lernen, ihre Skepsis gegenüber den hypnotischen Befehlen abzubauen. Die Öffnung und das Vertrauen sind für die Hypnose unabdingbare Voraussetzungen, denn zum einen gibt man sich selbst mit einer Öffnung die Möglichkeit, etwas Neues, und damit auch die Heilung, in das Bewußtsein einzulassen, zum andern können alte Denkschemen und Konventionen, die für das Kranksein mitverantwortlich sind, aufgelockert, relativiert und neu überprüft werden.

Jeder Therapeut wird es vermeiden, die Persönlichkeit des Betreffenden außer acht zu lassen. Ein Experte auf dem Gebiet würde einen leitenden Angestellten oder einen Manager nie in einem autoritär-befehlenden Tonfall in die Hypnose einleiten. Hier ist Fingerspitzengefühl gefragt.

Ein guter Hypnotiseur sollte eine ordentliche Portion Selbstvertrauen mit in den Beruf bringen, denn nur wer an sich selbst glaubt, kann bewirken, daß auch andere an ihn glauben. Unterstützend für seine natürliche Suggestivkraft dient dem Hypnotiseur immer sein Bekanntheits- und Popularitätsgrad. Es ist sehr seltsam, aber allein der Ruf eines guten Hypnotiseurs ist eigentlich seine halbe Miete – seine Suggestivkraft eilt ihm voraus. Ein Test belegt dies: Vor einiger Zeit stellte man einer Gruppe hypnosewilliger Patienten eine erfahrene Heilhypnotiseurin als unerfahrene Studentin vor, die sich auf dem Gebiet der Hypnose kundig machen wollte. Ihre Erfolge waren relativ gering. Einer anderen Gruppe wurde nun die Hypnotiseurin mit ihrer tatsächlichen Qualifikation präsentiert, und siehe da, die Gruppe fiel komplett und bereitwillig in den hypnotischen Schlaf.

Nach dem ausführlich geführten Vorbereitungsgespräch hat sich der Heilhypnotiseur mit dem Patienten vertraut gemacht und kann nun auch auf bestimmte Eigenarten, die individueller oder gesellschaftlicher Natur sein können, besser eingehen. Erhält er in dem Gespräch beispielsweise die Information, daß der Patient Vegetarier ist und an verkappter Magersucht leidet, so wäre es hoch bedenklich, diesem Patienten ein dickes, saftiges Stück Steak schmackhaft machen zu wollen.

Viele Patienten kommen auch mit einer bestimmten Erwartungshaltung zum Hypnotiseur. Sie waren schon immer überzeugt, daß der Behandler ihnen zur Einleitung der Hypnose nur fest in die Augen zu schauen brauche, und schon versänken sie im Reich des hypnotischen Schlafes. Diese Erwartungshaltung muß akzeptiert werden, und der Arzt vermindert unter Garantie die Tiefe der Hypnose, wenn er die Vorstellungen seiner Patienten enttäuscht und eine andere Technik anwendet.

Die Fixationstechnik

Die Fixationstechnik ist wohl das älteste und bewährteste Verfahren zur Einleitung der Hypnose. Schon im alten Ägypten zur Zahnbehandlung eingesetzt, erlebte dieses Verfahren einen sich durch die Jahrhunderte ständig vollziehenden Wandel, der sich aber generell immer auf das minutenlange Starren auf einen Gegenstand reduzieren läßt. Die Mönche auf dem Berg Athos fixierten ihren eigenen Nabel, heute sind es eventuell Stroboskoplampen, die sie sicherlich von ihrem Plattenspieler kennen.

Die meisten Induktionsmethoden mittels Fixation basieren alle auf einem Prinzip, das Pawlow das Punkt-Reflex-Gesetz nannte. Hierbei reizt, meistens eine Lichtquelle oder ein anderer glitzernder Gegenstand, die Gehirnrinde so lange, bis der Sehnerv ermüdet und die Augen zitternd zufallen. Es ist dabei völlig gleichgültig, ob der Patient dabei auf ein goldenes Pendel starrt oder auf seine eigene Nasenspitze. Es hat sich gezeigt, daß sich alles eignet, was in irgendeiner Weise glänzt oder auf die Augen ermüdend wirkt. Auf eine Kleinigkeit wird jedoch jeder Hypnoseexperte achten. Alltagsgegenstände, wie ein silberner Löffel oder Manschettenknöpfe eignen sich nicht als Fixationspunkte, da leicht suggestible Personen beim täglichen Umgang mit diesen Dingen in Spontanhypnose fallen könnten.

Es hat sich meiner Erfahrung nach als sinnvoll erwiesen, den Fixationspunkt in einer Entfernung von etwa zwanzig bis dreißig Zentimetern etwas oberhalb der Augenhöhe anzubringen. Ob sie sich dabei stellen, setzen oder legen wollen, tut nichts zur Sache, hypnotisiert werden kann man prinzipiell in jeder Lage. Allerdings sollte die Stellung bequem und entspannend sein, da sich die Entspannung bald nach Einleitung auf alle Glieder ausdehnt.

Während der Patient auf den Gegenstand starrt, suggeriert ihm der Hypnotiseur, je nach Empfänglichkeit, eine Reihe Suggestionen, die das Eintauchen in den Heilschlaf unterstützen. Diese vertiefenden Verbalsuggestionen sind sehr wichtig und beeinflussen stark die Hypnosetiefe. Bei jeder Einleitung werden zunächst eine allgemeine Entspannung, nachfolgend Schwere, ein angenehmes Wärmegefühl, Schläfrigkeit und letztlich Schlaf suggeriert. So könnte eine Einleitung in der Fixationstechnik aussehen:

»Richten Sie Ihren Blick auf dieses Amulett. Sie hören meine Stimme. Sie richten Ihren Blick immer weiter auf das Amulett. Wenn sich Ihr Blick abwendet, führen Sie ihn sofort auf das Amulett zurück und belassen ihn darauf. Ich möchte nun, daß Sie ganz ruhig werden. Sie entspannen sich und werden ganz ruhig. Sie fühlen wie sich Ihre Muskeln lockern und entspannen. Die ganze Unruhe des Tages legen Sie ab wie einen Mantel und fühlen sich wohl. Blicken Sie weiter auf die Kugel. Sie entspannen sich immer mehr. Nun kommt eine Schwere über Sie, zuerst die Beine, dann die Arme. Ihr ganzer Körper fühlt sich an wie ein Stück Blei, das an einem warmen Sandstrand liegt. Sie fühlen auch, wie sie schläfrig werden. Die Schwere nimmt immer weiter zu, Sie fühlen sich schwerer und schwerer, immer schwerer. Eine angenehme Ruhe durchdringt Ihren Körper. Sie denken ans Einschlafen. Die Wärme durchzieht ihre Füße, Ihre Beine, Ihre Arme. Sie fühlen sich wohl, warm, schwer und müde. Sie werden immer müder. Ihre Augenlider sind müde und wollen zufallen; Sie werden immer schwerer, als seien sie aus Blei. Sie können sie kaum noch offenhalten. Sie haben das Bedürfnis zu schlafen, ein immer stärkeres Bedürfnis zu schlafen. Die Augen tränen und brennen (natürlich erst dann, wenn der Hypnotiseur sieht, daß die Augen wirklich feucht werden). Jetzt fallen Ihre Augen zu. Atmen Sie tief ein. Mit jedem Atemzug versinken Sie tiefer in den Schlaf. Sie schlafen, schlafen, schlafen.«

Nach dem Augenschluß ist es das nächste Ziel, die Hypnose zu stabilisieren und zu vertiefen. Das Ziel ist eine vollkommene Entspannung und die Herabsetzung des Muskeltonus, das heißt der Erregungszustand, in dem sich die Muskeln normalerweise befinden, wird ähnlich dem Zustand des Schlafes abgesenkt.

»Die Augen sind nun fest verschlossen. Sie können sie nicht mehr öffnen. Sie wollen sie auch nicht mehr öffnen. Sie lassen sich immer tiefer in den Schlaf gleiten. Die Augen bleiben geschlossen, und Sie fühlen wie die vollkommene Ruhe sich immer weiter im Körper ausbreitet.«

Für gewöhnlich ist nach dieser Verbalsuggestivbehandlung bei fast allen Personen ein relativ stabiler (die verschiedenen Tiefenstadien können vor allem während einer Behandlung in Tiefenhypnose schwanken) Hypnosezustand eingetreten.

Nach »Verabreichung« der Individualsuggestionen, die sich auf das entsprechende Problem oder die jeweilige Krankheit des Patienten beziehen, ist es sehr wichtig, die Begleitsuggestionen wiederaufzuheben. Das gilt natürlich nicht für die Fixationsmethode, sondern für alle Spielarten der Hypnose. Das Aufwekken könnte eventuell so aussehen: »Ihr ganzer Körper ist nun ausgeruht. Sie haben sich wunderbar erholt. Ihre Arme und Beine, Ihr ganzer Körper, ist leicht und wieder frei beweglich. Ich zähle jetzt bis drei, dann öffnen Sie die Augen und fühlen sich frisch und erholt. Eins – zwei – drei.«

Die Faszinationsmethode

Ein ebenfalls uraltes Einleitungsverfahren ist die Faszinationsmethode. Der Name kommt daher, daß die Versuchsperson dem Hypnotiseur »fasziniert« in die Augen schaut. Sie alle kennen die typischen Filmszenen: »Er war völlig fasziniert von ihr, als er in ihren großen hypnotischen Augen versank« oder in Humphrey Bogart-Manier: »Schau mir in die Augen, Kleines!« Auch in Kiplings Dschungelbuch ist von Faszination die Rede, als Moglis Retterin, die Pythonschlange Kaa, einen ganzen Affenstamm hypnotisiert und zu verspeisen gedenkt. Diese Schilderung Kiplings ist durchaus kein Hirngespinst, denn Schlangen üben mit ihrem hypnotischen, starren Blick eine lähmende Wirkung auf Kaninchen oder Mäuse aus.

Allerdings kann sich die Schlange mit ihrem »Hypnotrick« auch selber ein Bein stellen, denn versucht sie eine Katze in ihren Bann zu ziehen, zieht die Schlange für gewöhnlich den kürzeren und fällt selbst in hypnotische Starre.

Der Vorteil dieser Methode ist, daß der so wichtige Übertragungskontakt, also während der Rapport zwischen Patient und Hypnotiseur, schon während der Einleitung vorhanden ist. Bei der anschließenden Übertragung von Suggestionen kann dieser Blickkontakt sehr hilfreich sein, da der Patient das Bild des Suggestors mit in den hypnotischen Schlaf nimmt und daher eine stärkere Verbindung zu ihm hat. Verstärken läßt sich die Wirkung der Faszinationsmethode noch durch einen Vergrößerungsspiegel, über den der Patient ein übergroß dimensioniertes Auge des Hypnotiseurs sieht. Allerdings ist vielen Menschen ein direktes »Auge in Auge« lieber.

Während der Hypnotiseur und der Patient sich in die Augen blicken, suggeriert der Behandler, ganz ähnlich wie bei der Fixationsmethode, Ruhe, Schläfrigkeit und Wärme.

Farbkontrastmethode

Bei der Farbkontrastmethode handelt es sich um ein relativ neues Verfahren zur Einleitung. Man nutzt hierbei die Kontrasteffekte der Komplementärfarben, beispielsweise der Farben Blau und Gelb. Es ist dies eine Methode, auf die psychoaktive Menschen sehr gut ansprechen, sie funktioniert folgendermaßen: Auf einem Karton befinden sich ein blaues und ein gelbes Rechteck, die durch einen zwei Millimeter breiten, weißen Streifen voneinander getrennt sind. Betrachtet man diese Rechtecke starr ein paar Minuten lang, erscheint in dem weißen Mittelstreifen am Rande des gelben Rechtecks ein hellgelber, am Rande des blauen Rechtecks ein dunkelblauer Saum – und starke Ermüdung tritt ein. Über die Komplementäreigenschaften der Farben lassen sich eine Reihe ähnlicher Einleitungsverfahren ableiten. Alle diese Techniken haben eine gemeinsame Grundlage: Konzentration und Ausschaltung von Störfaktoren durch Fixierung – baldige Ermüdung mit Überleitung in die Hypnose.

Hypnoseeinleitung bei »Widerspenstigen«

Es gibt unübersehbar viele Varianten der Hypnoseeinleitung, vor allem auch deshalb, weil die internationale Aufwertung der Hypnose in den letzten zwei Jahrzehnten einen wahren Forschungs- und Experimentierboom ausgelöst hat. Jeder Forscher und Hypnosefachmann hat seine Spezialmethode, aber es wäre gewagt, zu behaupten, daß irgendeine Methode die beste sei. Der deutsche Therapeut Kurt Tepperwein stellt in seinem Buch *Die hohe Schule der Hypnose* allein 32 Techniken zur Einleitung der Hypnose vor. Eine etwas kuriose, aber dennoch erfolgreiche Einleitungsmethode ist die des Hypnoseöls, die auf dem sogenannten Placebo-Effekt beruht. Tepperwein schreibt:

»Sie brauchen dazu nur ein Fläschchen einer möglichst stark, aber angenehm riechenden Flüssigkeit, zum Beispiel ein japanisches Heilpflanzenöl ... Die zu hypnotisierende Person soll es sich ganz bequem machen und sich ganz der stark hypnotischen Wirkung des »Hypnoseöls« hingeben und dabei die Augen schließen. Halten sie ihr das geöffnete Fläschchen unter die Nase und veranlassen sie die Versuchsperson, ganz tief und gleichmäßig zu atmen. Geben Sie dabei die Suggestion, daß nach zehnmaligem Einatmen die Hypnose bereits eingetreten sei. Vertiefen Sie die Hypnose durch die entsprechenden Ruhesuggestionen.«

Sie sehen, daß bei einem Hypnosetherapeuten der Erfindungsreichtum eine wesentliche Rolle spielt. Manchmal sprechen Patienten nur sehr schwer auf die eben geschilderten Versuche des Hypnotiseurs an. Diese Menschen sind der Hypnose gegenüber sehr skeptisch eingestellt und haben sich eigentlich mit ihrem Krankheitszustand abgefunden. Sie glauben nicht, daß ihnen überhaupt noch irgendwie zu helfen ist, wenn schon so viele hochkarätige Ärzte vor ihrer Krankheit kapitulieren mußten. Dahinter steckt, so absurd es ist, auch ein gewisser Stolz des Patienten auf die Einzigartigkeit seiner Krankheit, mit der er die Ärzte zum Verzweifeln bringt. Er katapultiert sich in die Rolle des unbesiegbaren Krankheitshüters.

Versuchen sie einmal einem Asthmatiker davon zu überzeugen, daß seine Krankheit nicht lebensbedrohend ist. Ein wahrer Sturm der Entrüstung wird die Reaktion sein. Der Asthmatiker legt Wert darauf, daß er jeden Moment unter einem Ersticktungsanfall zugrunde gehen kann. Er ist auf seine Weise stolz, mit dieser gegenwärtigen Bedrohung leben zu müssen, und er möchte, daß dieser große Leidensdruck auch von seinen Mitmenschen honoriert wird.

Auch diesen Widerspenstigen ist zu helfen, nur nicht auf die konventionelle Art.

Normalerweise versucht der Therapeut zu Beginn der Behandlung dem Patienten ein positives Gefühl zur Bewältigung seiner Krankheit einzupflanzen, aus dem der Heilungsprozeß erwachsen kann. Kein wirklich guter Hypnotiseur würde seinem Patienten jedoch eine Heilung versprechen. Das kann sich kein Arzt anmaßen, denn keiner von uns ist der liebe Gott. Eine Heilung kann man nicht versprechen, allenfalls Besserung, und wenn der Mensch nach einiger Zeit tatsächlich geheilt ist, dann ist es nicht nur das Verdienst des Hypnosearztes, sondern das Ergebnis einer konstruktiven Zusammenarbeit von Therapeut und Patient.

Bei schwierigen Patienten gelingt es sehr oft die Hypnose indirekt einzuleiten, das heißt gar nicht erst versuchen, die Symptome der Krankheit zu beeinflußen, sondern mit Suggestionen die Form der Behandlung in die Hände des Patienten zu legen. Viele Raucher kommen zu mir und wollen sich mit der Hypnose dieses Lasters entledigen. Wie schon erwähnt muß der Wille des Menschen, mit dem Rauchen aufzuhören, wirklich vorhanden sein, die Hypnose kann nur das verstärken und katalysieren, was der Mensch von sich aus auch kann; ansonsten könnte der Erfolg der Behandlung nur sehr kurzfristig sein.

Da es immer sehr zweifelhaft ist, wie es mit dem tatsächlichen Willen des Patienten steht, muß er zunächst eine Entscheidung fällen, zu der ich ihn indirekt auffordere. Ich erkläre ihm daß er es sich mit dem Aufhören bis zur nächsten Behandlungsstunde noch einmal gut überlegen solle, denn wäre er unsicher, so sei die Entzugstherapie rausgeschmissenes Geld. Womöglich solle er in der nächsten Woche noch ein bißchen mehr rauchen, damit die Abneigung gegen das verhaßte Inhalieren steige. Damit meint der Patient zwar, die Frage des Aufhörens liege ganz bei ihm, gleichzeitig aber habe ich ihm indirekt zu verstehen gegeben, daß ich an seinem festen Willen zweifle. Die allermeisten Patienten werden ihre Rauchgalgenfrist nutzen und sich bei jeder Zigarette versichern, daß sie absolut keine Lust mehr auf das Rauchen haben und jetzt endlich damit aufhören wollen. Meinen Zweifeln solle es gezeigt werden.

Was der Raucher in diesem Moment betreibt, ist nichts anderes als Autosuggestion, ausgelöst durch eine indirekte Suggestion, die der Zensur seines Bewußtsein entgangen ist. Er wird sich eine Woche lang so intensiv sagen, daß er »wirklich will«, so daß er für die nächste Hypnosesitzung geeicht ist. Nun ist er reif für eine erfolgreiche Therapie, die indirekte Suggestion hat ihre Wirkung nicht verfehlt. Die indirekte Suggestion wirkt deshalb so intensiv, weil sie sich sozusagen durchs »Hintertürchen« in das Unbewußte des Patienten gelangt und gar nicht als Suggestion anerkannt wird. An dieser Stelle möchte ich erwähnen, daß sich insbesondere bei Suchterkrankungen, und Rauchen ist eine Sucht, die Gruppenhypnose anbietet. Bei dieser Form tritt das Prinzip der seelischen Ansteckung, das Dr. Otto Wetterstrand in Stockholm

Ende des letzten Jahrhunderts entdeckte, in Aktion, das heißt die Hypnose überträgt sich in Patientengruppen ähnlich wie das Lachen oder Gähnen.

Spektakuläre Erfolge verzeichnete der englische Arzt Dr. Forbes, der mittels der indirekten Hypnose eine große Anzahl hypnoseresistenter Patienten wie Geisteskranke behandelte. Der Kranke wird bei dieser Methode im wachen Zustand einer hypnotisierten Person gegenübergesetzt, die sich in einem tiefen Hypnosestadium befindet. Der direkte körperliche Kontakt ist sehr wichtig, der Kranke muß die Hände seines Gegenübers ergreifen. Der Hypnotiseur suggeriert der hypnotisierten Person nun alle Symptome der kranken, wobei die Gestik, Mimik und Artikulation beider Personen sich immer mehr angleichen. Der Kranke befindet sich während der gesamten Behandlungsdauer im Wachzustand und verfolgt die Übertragung der Krankheit. Sind alle Merkmale übertragen, beginnt der Hypnotisuer die Symptome nach und nach wieder aufzuheben, bis die hypnotisierte Person keinerlei Krankheitsteile des Kranken mehr in sich spürt. Das Erstaunliche nun: sowie die imaginäre Heilung der einen Person abgeschlossen war, verschwanden auch die Krankheitssymptome der tatsächlich kranken oder besserten sich zumindest erheblich. Natürlich setzt diese Hypnosetechnik ein großes Verantwortungsgefühl von seiten des Hypnotiseur voraus, denn erst wenn er sicher sein kann, daß das Medium keinerlei Symptome der »fremden« Krankheit mit in den Wachzustand übernimmt, ist die therapeutische Behandlung abgeschlossen.

Eine andere Form, refrektäre, also hypnoseungeeignete Patienten in den heilsamen Schlaf zu leiten, ist die sogenannte Levtationsmethode, bei der dem Patient das Gefühl vermittelt wird, daß er jederzeit Herr über den Ablauf seiner Hypnoseeinleitung ist. Diese Technik wird vor allem in den USA angewandt, sie bedarf langer Übung und ist relativ schwierig zu handhaben. Der Patient wird, nachdem er es sich bequem gemacht und sich entspannt hat, aufgefordert, seine Finger zu beobachten. Ihm wird suggertiert, daß er bestimmte Veränderungen feststelle, die ihm früher nie auffielen. Er müsse merken, wie seine Finger nach und nach von »selbst« anfangen zu zukken (der Patient kann hierbei selbst entscheiden, welchen Finger er zucken läßt). Die Versuchsperson kommt normalerweise immer der Aufforderung des Arztes nach, da sie meint, eine unbewußte Handlung zu vollziehen, die einem normalen körperlichen Reflex gleichkomme. Gleichzeitig mit der Einleitung wieder die typischen Vertiefungssuggestionen: Wärme, Schwere, Müdigkeit. Der Patient wird aufgefordert, die unwillkürliche Bewegung seiner Hand, später seines Armes weiter zu verfolgen und zu beobachten, wie sich der Arm langsam in Richtung Kopf hebt. Mit zunehmender Müdigkeit und Schwere der Augenlider hebt sich der Arm immer weiter in Richtung Kopf. Wenn die Hand den Kopf berühre, sei die Hypnose eingetreten. Für den Patienten entsteht somit ein persönlicher Freiraum, in dem er mitbestimmend den Ablauf der Hypnose beeinflußen kann und sich somit dem Gefühl der »absoluten Kontrolle« durch den Hypnotiseur entzieht.

Eine andere Vertiefungstechnik hypnoseunwilliger

Patienten ist die Narkosehypnose, die aber einer recht problematische Form der Hypnose ist. Da sie mit Drogen eingeleitet wird und diese bekanntlich einige unerfreuliche Nebeneffekte haben, muß bei Narkose-hypnose immer ein Arzt anwesend sein, der die Be-handlung und den Zustand des Patienten immer wie-der kontrolliert. Der Münchner Hypnosearzt Dr. Karl Schmitz bezeichnete sie einmal als »zweischneidiges Schwert«. Allerdings ist an dieser Stelle anzumerken, daß fast jede klassische medizinische Behandlung mit Drogen durchgeführt wird. Arzneien sind nichts an-deres, sogar Tees werden unter dem Ausdruck Droge gehandelt. Die Nebenwirkungen, die jahrelang mit dem massenhaften Konsum von Pillen, Tabletten, Pülverchen und Kapseln in Kauf genommen werden, reichen oft aus, um eine Vielzahl anderer Erkrankun-gen wie Gewebe-, Knochen- und Organschädigungen hervorzurufen, die dann allerdings mit Hypnose nicht mehr »repariert« werden können. In Anbetracht die-ser Tatsache ist die Narkosehypnose immer noch eine sehr sanfte Medizin, vor allem auch deshalb, weil sie meist nur für eine Ersthypnose benötigt wird – spätere Behandlungen erfolgen ohne Beruhigungsmittel, die auch in der ersten Sitzung nur schwach dosiert sind.

Zudeckende und aufdeckende Maßnahmen

Alle die eben auszugsweise geschilderten Einleitungs- und Vertiefungstechniken bilden die Basis, die eine nun patienten- und krankheitsorientierte Therapie ermöglichen. Mit symptomspezifischen Suggestionen werden die psychosomatischen Wechselwirkungen beeinflußt. Auf diese Art und Weise entkrampft der Hypnotiseur die verhärteten Fronten zwischen Körper und Seele, eine allgemeine Besserung und Stabilisierung des Gesundheitszustandes ist die Folge.

Ein Gastritiskranker beispielsweise, also jemand, der an Magenschleimhautentzündung leidet, ist natürlich primär daran interessiert, den Schmerz und die weitere Verschlimmerung seines körperlichen Befindens einzudämmen. Die Vorgehensweise in der Hypnosebehandlung richtet sich nach der Entstehung der Krankheit, also nach den emotionalen und hormonellen Wechselwirkungen, die bei bestimmten Menschen und unter extremen Situationen über die Stränge schlagen können und als Zeichen ihrer Hyperaktivität eine schmerzhafte Gastritis hervorbringen. Der Übereifrigkeit der Magensaftdrüsen wird zunächst einmal ein Riegel vorgeschoben; die Übersäuerung des Magens, die einer Gastritis zugrunde liegt, muß so schnell wie möglich gestoppt werden. Eine Stabilisierung ist realtiv schnell erreicht, es ist sogar röntgenologisch gesichert, daß allein die Ruhigstellung in der Hypnose eine Ruhigstellung der Magensaftproduktion zur Folge hat. Doch damit allein ist dem Gastritiskranken nur teilweise geholfen.

Man unterscheidet in der Hypnosetherapie zudeckende Maßnahmen, wie die gerade geschilderte Ruhigstellung und aufdeckende Maßnahmen, die der Ursache der Erkrankung an den Kragen gehen. Bei vielen Erkrankungen reicht tatsächlich für eine mittel- oder sogar langfristige Heilung die zudeckende symptomorientierte Behandlungsmethode völlig aus.

Gerade bei Paradekrankheiten der Psychosomatik, wie die Gastritis eine ist, besteht jedoch die Gefahr, daß sich die Symptome nur verschieben, das heißt auf ein anderes Organ wie den Zwölffingerdarm überspringen. Die Ursachen eines Magengeschwürs sind immer psychogener Natur – der Ulkus selbst nur Ausdruck eines seelischen Konfliktes, der natürlich mit der Stabilisierung des körperlichen Zustandes noch lange nicht aufgelöst ist. Psychoanalytisch ist heute gesichert, daß der Ulkuskranke seine Affekte und Gefühlsäußerungen nie zum Ausdruck bringen konnte und sich damit die emotionale Energie eine Projektionsfläche, eben den Magen, suchen muß. Die Bilder »Ärger-in-sich-Hineinfressen« oder »den-Haß-einfach-Runterschlucken« veranschaulichen diese psychosomatischen Zusammenhänge. Der Patient muß lernen, mit seinem Ärger offener umzugehen, ihn abzureagieren. Gefühle sind da, um gelebt zu werden, aber bestimmt nicht im Magen oder Darm. Mit Hilfe der Hypoanalyse werden dem Patienten die Zusammenhänge seiner körperlichen Konfliktebene und der eigentlichen Konfliktsituation verdeutlicht. Allerdings durchlebt er die zum Teil bis in seine Kindheit zurückreichenden Erlebnisse nicht wie in der Altersregression nochmal, sondern er wird das Prinzip der Krankheitsursache, also das Verdrängen von Gefühlen, verstehen lernen und damit in Zukunft souveräner und natürlicher umgehen.

Das Pendant zur Hypnoanalyse auf der bewußten Ebene ist die Psychoanalyse, also das rationale Aufarbeiten verdrängter Konfliktsituationen mit Hilfe eines Führers, eines Psychoanalytikers. Freud erkannte die

Zusammenhänge von Verdrängung und Aufdeckung in Hypnose und leitete daraus die Idee ab, daß verdrängte Konfliktsituationen auch bewußt zu bewältigen sind. Der Freudschüler Lawrence S. Kubie weist darauf hin, daß die erste psychoanalytische Veröffentlichung die Krankengeschichte eines jungen Mädchens war, bei dem eine schwere hysterische Störung wieder verschwand, nachdem es in der Hypnose zur Wiedererinnerung einer Reihe bisher nicht zugestandener Erlebnisse gekommen war. Die Hypnoanalyse hat außer ihrem schnellen Erfolg, dem geringeren Zeitaufwand und den wesentlich günstigeren Kosten gegenüber der Psychotherapie noch einen weiteren Vorteil, der von Psychotherapeuten oft unterschlagen wird. Bei der bewußten Aufarbeitung ist der Patient zu dauernder Selbstanalyse gezwungen, die geradewegs zu einem Pyrrhussieg werden kann. Denn oft genug führt eine zu intensiv betriebene Selbstanalyse zu hypochondrischer Übertreibung, die einen buchstäblich krank macht. In der Hypnoanalyse läßt sich dieser Gefahrenfaktor leicht kontrollieren.

Altersregression

Eine spezielle Form der Hypnoanalyse ist die Altersregression, also die Zurückführung in frühere Altersstadien, um dort nach verdrängten Konfliktfeldern zu suchen. Es mag für viele unvorstellbar sein, daß es möglich sein soll, die Vergangenheit wie einen Film vor dem geistigen Auge ablaufen zu lassen und sogar Kindheitserlebnisse detailgetreu nachzuempfinden.

Es gibt sogar Versuche, die darüber hinausgehen. Über das embryonale Stadium hinaus, in dem bekanntlich die Ursprünge vieler Fehlverhalten und Krankheiten begründet sind, da die Übertragung von der Mutter auf das Kind überaus intensiv ist (sogar auf der körperlichen Ebene läuft eine direkte Übertragung über die Nabelschnur ab), führten Forscher immer wieder Experimente durch, in denen sie Patienten in vorgeburtliche Leben zurückführten. Die Versuchspersonen berichteten von Zeiten längstvergangener Epochen, schilderten detailliert Alltagsgeschehnisse, die sie ohne Vorkenntnisse tatsächlich nicht wissen konnten und sprachen zum Teil sogar in anderen Sprachen, die sie noch nie gelernt hatten. In einigen Fällen war es möglich, die gemachten Altersangaben der Versuchspersonen anhand von Familienchroniken oder Kirchenbüchern zu überprüfen und – zu aller Erstaunen – zu bestätigen.

Die amerikanische Psychologin Dr. Edith Fiore, die nach eigenen Angaben schon weit über hundertfünfzig Wiedergeburtserlebnissen begegnet ist, berichtete auf einer wissenschaftlichen Tagung von folgendem Beispiel. Sie versetzte eine Patientin mit unheilbaren Kopfschmerzen in Hypnose, um der Ursache auf den Grund zu bekommen. Im Zuge der Rückführung erinnerte sich die Frau an ein früheres Leben, in dem sie ein junger Mann war, der im vergangenen Jahrhundert gelebt hatte. Er verirrte sich im Gebirge und wurde von einem Felsbrocken tödlich am Kopf getroffen. Seit sich die Frau in tiefer Hypnose an diesen Unfalltod erinnerte, sind ihre Kopfschmerzen verschwunden.

Was von solchen Versuchen zu halten ist, bleibt weiter fraglich. Die Phänomene sollten nicht unterschlagen werden, aber sie in ein therapeutisches Gesamtkonzept einzugliedern und die Ursachen für Krankheiten in vergangenen Jahrhunderten zu suchen, halte ich für sehr bedenklich. Diese an paranormale Erscheinungen erinnernden Berichte sind sicherlich faszinierend, so faszinierend, daß sie vielleicht auch den mühsam erworbenen Ruf der Heilhypnose wieder an den Abgrund des Okkultismus drängen könnten, falls irgendwelche »Hohepriester der Rückführung« das Reisen ins Jenseits auf den Schultern der Hypnose zu predigen glauben. Andererseits sind die Ergebnisse dieser Versuche durchaus beachtlich, so daß es ebenfalls ein Fehler wäre, sie als Scharlatanerie und Geldmacherei abzutun. Mit diesen Vorurteilen hat sich die Hypnose lange genug herumgeschlagen.

An der Altersregression als eine Form der erfolgreichen Therapie ist jedoch längst nicht mehr zu rütteln – beschränken wir uns allerdings dabei aufs Diesseits.

Wie schon erwähnt, vergißt unser Unbewußtes nichts, auch der unwichtigste Gang zum Zigarettenautomaten bleibt unauslöschlich gespeichert. Dabei muß unser Bewußtsein natürlich selektieren, was ihm nützlich und zu verwerten ist und was momentan an Information nicht benötigt wird. Die Überfülle an Informationen wird selbstverständlich kanalisiert, wir würden ansonsten erdrückt bzw. verrückt werden, wenn wir dem Kieselstein, der uns gestern abend innerhalb eines Sekundenbruchteils zufällig ins Auge stach den gleichen Stellenwert wie dem schockierenden Erlebnis eines Autounfalls einräumen müßten. Trotz allem ist auch die Begegnung mit dem Kieselstein für unser Unbewußtes so relevant, daß es diesen »Filmabschnitt«, wenn man das Leben als einen langen Film bezeichnen möchte, nicht herausschneidet, sondern auf geistiges Zelluloid bannt.

Mit der Regression gelingt es uns nun, die Filmrolle zurückzuspulen, etwas, was uns im Wachbewußtsein wahrscheinlich nur sehr schwer gelänge. Schöne Erinnerungen, wie eine romantische Sommernacht, können von uns leicht und in den meisten Fällen sehr plastisch wiederbelebt werden, und sooft wir wollen, können wir uns in solche seelischen Bonbons flüchten. Das ist auch gut und richtig so, denn seine gefühlsmäßigen Streicheleinheiten braucht jeder – und wenn er sich mit Erinnerungen streichelt. Im umgekehrten Fall tun wir uns schwerer – alles Unangenehme wollen wir verdrängen und gar nicht daran denken, auch wenn gerade in diesen Begebenheiten der Schlüssel zur Heilung der Krankheit liegt. Dabei muß es sich nicht unbedingt um so dramatische Erlebnisse wie den Todesfall eines geliebten Menschen handeln. Eine Patientin beichtete mir, daß sie völlig unverständlicherweise mit einem allergischen Hautausschlag der übelsten Sorte reagiere, wenn sie ihren Bruder sehe, mit dem sie relativ viel Kontakt habe, ihn auch sehr schätze und schwesterlich liebe. In einer Regression war die Ursache schnell gefunden, und das Ergebnis war für alle Beteiligten überraschend. Im Alter von drei Jahren besaß meine Patientin ein Stofftier, ein großes, ungeschlachtes und undefinierbares Knäuel, das sie über alles liebte und während der Regression immer wieder mit kindlicher Stimme »Gommel« nannte. Sie legte sich abends mit ihm ins Bett und wachte morgens mit ihm auf. Ihr Bruder, zwei Jahre älter als sie, spielte seit ihrer Geburt nur noch die zweite Geige, mußte oft auf sie aufpassen, wenn die Eltern ausgingen, und mußte demnach auch die Konsequenzen tragen, wenn in Abwesenheit der Eltern etwas zu Bruch ging. Die Rolle des Bruders stellte sich natürlich erst nach der Regression in einem Gespräch mit ihm heraus, sie erlebte ihn in der Regression einfach als großen Bruder – von einer Verantwortung ihr gegenüber wußte sie nichts.

Eines Tages rächte sich der große Bruder an seiner kleinen Schwester, indem er vor ihren Augen das heißgeliebte Stofftier mit einer Schere zerstückelte. Der Schock muß damals so tief gesessen haben, daß meine Patientin sowohl das Stofftier als auch jenen Abend verdrängte. Erst im Wiedererleben im Verlauf einer Regression konnte sie ihre unbewußte Abwehrhaltung (Hautallergien: Bleib mir vom Leib!) ablegen. Zwar konnte sich ihr Bruder an die damalige Situation noch gut erinnern, doch auch er wurde im Alter von fünfunddreißig Jahren noch knallrot, als er erfuhr, weswegen seine Schwester seit Jahren an ihrem »unheilbaren« Ausschlag litt.

Erinnern wir uns an die kleine Eunice Kinzer, die wegen einer leichtsinnig formulierten Aussage in einem labilen Bewußtseinszustand, nämlich der Narkose, nach der anschließenden Operation ihre Beine nicht mehr bewegen konnte, nur weil eine Krankenschwester sagte: »Ich glaube, die Kleine wird nie wieder gehen können.«

Allein wäre Eunice nie auf die Ursache ihrer Lähmung gekommen, erst als Arthur Ellen mittels Regression das traumatische Erlebnis wiederholte, befreite sich das kleine Mädchen von der jahrelang unbewußt mächtigen Vorstellung, sie könne ihre Beine nicht mehr bewegen.

Hypnokatharsis

Dieses Wiedererleben eines verdrängten Konflikts oder Erlebnisses nennt man Hypnokatharsis; Freud nannte es noch Psychokatharsis. Katharsis kommt aus dem Griechischen und bedeutet soviel wie Reinigung, eine Reinigung von aufgestauten Affekten und traumatischen Erlebnissen. Verschiedene Forscher sprechen außerdem von einer »automatischen Niveauerhöhung der Persönlichkeit durch die Hypnokatharsis über die tiefe innere Verarbeitung eines traumatischen Erlebnisses.« Auch hier läßt sich die Parallele zur Psychoanalyse ziehen, denn zur »Niveauerhöhung der Persönlichkeit« wird die Psychoanalyse von vielen gutsituierten Leuten mißbraucht, da sie denken, negative Charaktereigenschaften oder sogenannte Ticks per Psychoanalyse auszumerzen, um ihrer Persönlichkeitsfindung noch den allerletzten Schliff zu geben. Insbesondere das amerikanische Fernsehen suggeriert uns, daß jeder, der was auf sich hält, seinen Psychoanalytiker immer in Rufweite hat. Psychoanalyse, lange Zeit der letzte Schrei in gewissen gesellschaftlichen Kreisen und gleich hinter der Visagistin als absolutes Muß rangierend, sollte jedoch nicht als Seelenkosmetik diffamiert, sondern genau wie die Hypnose als gleichwertiger Bestandteil in die gängige Schulmedizin integriert werden.

Posthypnose

Die Posthypnose ist eine überaus elegante Form der Hypnose, von deren Möglichkeiten man schon sehr lange wußte. Wie die Vorsilbe »post« schon erahnen läßt, tritt die Wirkung der Posthypnose erst nach der eigentlichen Behandlung ein – ein Medikament, wenn Sie so wollen. Der Patient wird während seiner ganz normalen Sitzung auf ein späteres Ereignis vorbereitet, vor dem er sich fürchtet. Dabei kann es sich um die Angst, einen Vortrag halten zu müssen, handeln, um Prüfungsangst, Lampenfieber, aber auch um Platzangst oder Klaustrophobie. Dem Betroffenen wird suggeriert, sich an dem entsprechenden Tag oder Termin ganz natürlich und entspannt zu verhalten.

Bis zur Prüfung oder der großen Rede merkt man von der Postsuggestion überhaupt nichts. Sie wird im Unterbewußtsein gespeichert und bei Bedarf abgerufen – ganz automatisch.

Das wohl eindrucksvollste Experiment in Sachen Posthypnose gelang Professor Bernheim, einem der Mitbegründer der *Schule von Nancy*. An einem Tag im August suggerierte er einem altgedienten Soldaten, er solle am ersten Donnerstag im Oktober zu seinem Kollegen Dr. Liébeault gehen. Dort treffe er den Präsidenten der Republik und der verleihe ihm einen Orden. Diese einzige Suggestion genügte, und 63 Tage später, am ersten Donnerstag im Oktober, stand der Veteran in Liébeaults Bibliothek. Dort verbeugte er sich respektvoll vor einer imaginären Person, schüttelte ihr die Hand und ließ sich dann einen unsichtbaren Orden anheften, für den er sich brav bedankte. Auf die Frage Liébeaults, mit wem er denn da gesprochen habe antwortete der Soldat: »Natürlich mit dem Präsidenten der Republik!«

Dieses Beispiel soll natürlich nicht abschrecken, die Postsuggestion war in diesem Fall auch nur dadurch möglich, weil der alte Mann den tiefeingeprägten Wunsch hatte, dem Präsidenten einmal in seinem Leben die Hand zu schütteln. Auch hier gilt wieder: Was man nicht wirklich will, wird man auch nicht unter Hypnose tun!

Was in Selbsthypnose möglich ist

Eine Geschichte

Die Selbsthypnose oder Autohypnose wird in ihrer Effizienz und ihrem therapeutischen Wirkungsgrad meist unter die Fremd- oder Heterohypnose gestellt. Wie stark dennoch Eigensuggestionen sein können zeigt folgende Geschichte, die Kurt Tepperwein in seinem Buch *Die Hohe Schule der Hypnose* schildert:

»Auf einer Reise Sven Hedins durch Tibet geriet einer seiner Mitarbeiter in Streit mit einem tibetanischen Eremiten, der draufhin voraussagte, daß Dr. H. an dem gleichen Tag im folgenden Jahr sterben werde. Dr. H., der sich auf der Reise wiederholt von den außergewöhnlichen Fähigkeiten der tibetanischen Eremiten überzeugt hatte, glaubte fest an diese Prophezeiung.

Kurz vor dem vorausgesagten Todestag kam er nach Berlin zurück, fühlte sich aber da schon so elend, daß er sich in ärztliche Behandlung begeben mußte. Schließlich wurde er in ein Krankenhaus überwiesen. Auch da standen die Ärzte vor einem Rätsel und konnten nur feststellen, daß es mit dem Patienten zu Ende ging. Als der Oberarzt von der Prophezeiung erfuhr, war ihm klar, daß es sich hier um einen besonders ausgeprägten Fall von Selbsthypnose handelte, die wohl zum Tode führen würde, wenn nicht... Zwei Tage vor seinem »Todestag« glich Dr. H. nur mehr einem Leichnam. Er wurde von seinem behandelnden Arzt in hypnotischen Schlaf versetzt und vier Tage lang in diesem Zustand gelassen. Erst als man ihn weckte und ihm sagte, daß der verhängnisvolle Tag bereits seit zwei Tagen vorüber sei und er ihn überlebt hatte, fiel diese Suggestion von ihm ab und in kurzer Zeit war er wieder vollständig geheilt.«

So wie Dr. H. die Selbstanalyse in für ihn recht unvorteilhafter Weise einsetzte, so läßt sich der positive Aspekt der Selbsthypnose von jedem erlernen. Erlernen ist vielleicht auch schon zuviel gesagt, denn wir gleiten täglich, ohne daß wir es merken, in einen Zustand, der dem der Hypnose sehr ähnlich ist. Wie oft passiert es Ihnen, daß Sie während konzentriertester Arbeit auf einmal mit den Gedanken abschweifen, irgendwohin starrend und auf einmal kopfschüttelnd registrieren, daß Sie »weg« waren. Aber wo Sie waren, wissen Sie in den meisten Fällen auch nicht mehr. Besonders bei monotonen Arbeiten automatisiert sich der Arbeitsvorgang von selbst, und Sie entschweben in andere Welten und merken nicht mehr, wie die Zeit auf einmal vergeht, bis ein Kollege an Ihrer Schulter rüttelt. Oder wie oft geschieht es, daß Sie beim Lesen eines Buches auf einmal merken, daß Sie die letzten Seiten nicht mehr wiedergeben können; Sie haben sie zwar gelesen, aber nicht gedanklich verarbeitet. Gefährlich werden solche Tagträumereien beim Autofahren. Vor allem auf langen, geraden

Strecken, bei immer gleichbleibender Geschwindigkeit und einer eintönigen Landschaft tritt das ein,
was Pawlow das Punkt-Reflex-Gesetz nannte. Ein
monotoner Reiz ermüdet bestimmte Stellen der Gehirnrinde und damit gleichzeitig den ganzen Menschen – das Wachbewußtsein gleitet in den Alphazustand.

Auf einer Reise nach Frankreich durch die triste
Champagne erlebte ich vor kurzem, was sich der
französische Verkehrsminister gegen diese potentielle
Gefahr für Autofahrer hatte einfallen lassen. Überall
auf der Autobahn an beiden Straßenrändern waren
bunte geometrische Figuren installiert, die immer
wieder neue Sichtreize für das Auge schufen und so
das Ermüden verhinderten.

Selbsthypnose ist lernbar

Genauso leicht wie diese Zustände bei alltäglichen
Handlungen immer wieder auftreten, lassen sie sich
auch bewußt, also absichtlich herbeiführen. Das Problem ist nur, sie effektiv zu nutzen und zu steuern.
Diese Aufgabe übernimmt im Normalfall der Hypnosetherapeut. Sie können sich fallen- und führen lassen
und bekommen die entsprechenden Suggestionen sozusagen frei Haus geliefert, ohne daß Sie sich auch
noch darauf konzentrieren müßten. Die Folge bei der
Selbsthilfe ist, daß nach der gelungenen Einleitung
der Selbsthypnose diese bald in den natürlichen
Schlaf übergeht, weil einen die vollkommene Ruhe
und Harmonie dieses Zustandes völlig übermannt.

Deshalb will auch Selbsthypnose gelernt sein, und jeder Hypnosetherapeut wird Ihnen mit einer Vielzahl an Tips und Tricks zur Seite stehen, damit Ihre Autosuggestivtherapie Früchte trägt.

Auf jeden Fall ist es sinnvoll, vor Beginn der Eigentherapie mit einem Hypnosetherapeuten über die Art ihrer Probleme zu sprechen. Tief im Seelischen verwurzelte funktionelle Störungen sind ohne die Anleitung eines Fachmannes nur partiell zu beseitigen, aber Alltagsstreß, emotionale Überreaktionen und störende Charakterzüge können Sie über die Selbsthypnose sicher in den Griff bekommen. Der Therapeut wird Sie über die Vorgehensweise und die Wahl geeigneter Suggestionen, die spezifisch auf Ihre Probleme zugeschnitten sind, beraten. Dabei heißt es aufpassen. Angebliche Fachleute, die Ihnen »hundertprozentig wirksame Bilder« aufschwätzen wollen, sind mit Vorsicht zu genießen. Es gibt keine Universalsuggestionen, jeder Mensch hat seine Eigenarten und Vorzüge, persönlichkeitsfremde Aufforderungen lehnt jeder Mensch prinzipiell ab. Auf einem Fachkongreß versuchte ein Kollege, mich davon zu überzeugen, daß eine Vertiefung über das Bild »Sie liegen am Strand und fühlen sich wohl« in jedem Fall zum Erfolg führe. Mit solchen Pauschalbildern läßt sich allerdings immer nur ein gewisser Prozentsatz aller Menschen ansprechen, für jeden Menschen müssen eigene Bilder »zugeschliffen« werden, damit sie wie ein Schlüssel in ihr Schloß passen. Der eine reagiert eben auf das Liegen am Strand, der andere läßt sich lieber auf einer sonnenüberfluteten Blumenwiese nieder, der dritte möchte die klare, frische Luft einer kargen Berglandschaft inhalieren, um seinen inneren Ruhepol anzusteuern.

Sollten sich anfänglich Schwierigkeiten bei der Einleitung ergeben, so läßt sich die Selbsthypnose über die Fremdhypnose katalysieren, das heißt der Hypnotiseur »baut« Ihnen eine Hilfestellung ein. Viele meiner Patienten, die zwar versuchten, sich selbst zu hypnotisieren, aber gleich nach einigen erfolglosen Versuchen die Flinte ins Korn warfen, erhielten von mir unter Hypnose die Postsuggestion, ohne Probleme und mit Hilfe einer bestimmten Codesuggestion (etwa »ich entspanne mich augenblicklich«) sofort in einen tiefen Trancezustand zu verfallen. Anschließend »zündeten« die eigenen Versuche, als hätte ihnen jemand den Schlüssel für ihren Motor gegeben.

Andere Hilfemittel sind beispielsweise Tonbänder, auf die der Therapeut das Induktionsgespräch aufnimmt und die Sie beliebig oft abspielen lassen können. Auf diese Art und Weise bekommen Sie nach und nach ein Gefühl für die wirksamsten Suggestionen, mit denen Sie bald allein weiterarbeiten werden. Die Rolle des Tonbandes kann natürlich auch ein Freund oder Bekannter übernehmen, der den aufgeschriebenen Induktionstext langsam und gleichmäßig vorliest. Viele bevorzugen diese persönliche Übertragung. Allerdings ist nicht immer ein Freund da, wenn man ihn gerade braucht, vor allem nicht vor dem Einschlafen — eine Zeit, die sich für die Selbsthypnose ideal anbietet.

Einleitung der Selbsthypnose

Wie auch bei der Fremdhypnose sollten Sie es sich auch bei der Selbsthypnose bequem machen. Ein abgedunkelter Raum (vor dem Schlafengehen erübrigt sich das natürlich), ein Bett oder ein Sessel, falls vorhanden eine Meditationskassette und die entsprechende Ruhe stimulieren das Bewußtsein auf Ruhe. Das Geheimnis Ihres Erfolges liegt nun an Ihrer Fähigkeit der konzentrativen Entspannung. Anscheinend ein Gegensatz, doch gerade das macht das Wesen jeder Meditationsübung und auch das der Autohypnose aus. Vermeiden Sie jegliche geistige Anstrengung, lassen Sie sich gehen, versuchen Sie jeden Gedankengang zu vermeiden, der der Konzentration abträglich ist.

Das primäre Ziel ist es nun, eine vollkommene Ruhe und Entspannung zu erreichen – die Basis jeder Hypnose, auf der Sie anschließend Ihre Eigentherapie aufbauen. Ein gutes Hilfsmittel bei der Induktion ist die altbewährte Fixationsmethode, es geht aber auch ohne. Fixieren Sie einen glänzenden Punkt etwas oberhalb der Nasenwurzel, denken Sie an nichts, sondern starren Sie ganz einfach auf Ihr gewähltes Objekt, sei es ein Knopf, ein Kettchen oder die Leuchtdiode Ihres Fernsehers. Nach ein paar Minuten verspüren Sie ein Brennen und ein Tränen der Augen. Lassen Sie sie zufallen, legen Sie sich entspannt zurück, und vergegenwärtigen Sie sich die wunderbare Ruhe, in die Sie nun eintauchen werden. Die selbstgewählte oder vom Therapeuten aufgenommene Induktion könnte nun folgendermaßen lauten: »Ich entspanne mich nun.« Wiederholen Sie sich diesen Satz drei- bis fünfmal, atmen Sie tief durch, und lassen Sie sich Zeit. Verbannen Sie jeden Gedanken oder Zweifel, der die Entspannung in Frage stellt. Sie brauchen die Worte nicht laut zu sagen, es genügt völlig, wenn sich die Suggestionen gedanklich abspielen.

»Ich fühle, wie alle Last und Sorgen des Tages von mir abfallen. Ich lege sie einfach ab und bin nun frei von ihnen. Ich bin wunschlos glücklich, nichts erreicht mich, ich bin allein und genieße das Fallen in die mich immer mehr ausfüllende Ruhe. Meine Augen sind fest verschlossen, und das ist gut so. Ich werde sie erst wieder öffnen können, wenn ich es will. Jetzt sind sie wie zugeschweißt.«

Falls sich der Entspannungszustand nur unzureichend einstellt und Sie das Gefühl des Nichtabschaltenkönnens haben, dann nehmen Sie sich jeden Körperteil einzeln vor. Konzentrieren Sie sich auf Ihre Zehen, Ihre Füße und anschließend auf Ihre Beine. Stellen Sie sich Ihre Muskeln vor, die den ganzen Tag rastlos arbeiten mußten. Nun weicht sämtliche Kraft aus Ihren Zehen, Füßen und Beinen und macht Platz für ein wohliges Gefühl der Mattigkeit und der Schwere. Jeder Körperteil wird davon durchdrungen.

Nun nehmen Sie sich die nächsten Muskelgruppen vor. Lockern Sie auf dieselbe Weise die Gesäßmuskulatur, Bauchmuskeln, Rücken und Brustkorb. Schlagen Sie eine Kurve von den unteren Extremitäten, den Rumpf, über Schultern und Nackenmuskulatur, anschließend den Armen bis hinunter zu den Fingerspitzen. Zum Schluß nehmen Sie sich die Gesichtsmuskeln vor. Vor allem, lassen Sie sich Zeit, versuchen Sie nicht zu hetzen. Klappt es immer noch nicht, dann kontrahieren Sie die entsprechende Muskelpartie kurzzeitig, so stark es geht, und lassen dann die Entspannungsphase folgen. Sie werden nach kurzer Übung merken, daß die Entspannung immer schneller eintritt, nach einiger Zeit wird schon allein die kurze Vorstellung an die eintretende Ruhe diese zur Folge haben. Auch hier macht die Übung den Meister.

Suggerieren Sie sich nun ein wohltuendes Gefühl der Wärme:

»Meine Beine durchströmt eine angenehme Wärme. Sie kriecht langsam von den Zehenspitzen hoch in meinen ganzen Körper und verteilt sich über jede Ader in jede Pore. Die Ruhe wird dabei immer tiefer und tiefer, der Körper immer schwerer und schwerer.«

Der amerikanische Hypnosefachmann Leslie M. LeCron schlägt eine gleichzeitige visuelle Imagination zum Erreichen einer tieferen Stufe vor:

»Stellen Sie sich vor, oben vor einer Rolltreppe zu stehen. Sehen Sie die vor Ihnen sich abwärts bewegenden Stufen und die Laufbänder der Geländer der Rolltreppe. Zählen Sie nun von zwanzig an rückwärts bis null, und stellen Sie sich gleichzeitig vor, die Rolltreppe mit einer Hand auf dem Geländerlaufband zu betreten. Die Stufen bewegen sich abwärts und befördern Sie tiefer in die Hypnose. Sobald Sie beim Zählen null erreicht haben, stellen Sie sich vor, Sie verließen die Rolltreppe am unteren Ende.«

Natürlich sind bei der visuellen Imagination Ihrer Phantasie keine Grenzen gesetzt. Nehmen Sie ganz nach Bedarf einen Fahrstuhl, eine Rutschbahn, eine

Treppe, oder stellen Sie sich beispielsweise vor, Sie wären ein Stein, der, hochgeworfen, langsam auf die Oberfläche eines Sees zurast, um in diesem langsam, aber stetig hinabzutrudeln.

Viele meiner Patienten kommen nach den ersten eigenen Übungen zu mir in die Praxis und berichten, daß sie den angestrebten Tiefengrad nicht erreichen. Mit der Selbsthypnose läßt sich nur in den seltensten Fällen ein tiefer Trancezustand erreichen, das ist nicht weiter schlimm, denn der Erfolg der Hypnosetherapie hat mit der Hypnosetiefe kaum etwas zu tun, im Gegenteil, viele funktionale Störungen und ungeliebte Verhaltensweisen lassen sich in einem leichten oder mittleren Trancezustand ideal behandeln. Die Akzeptanz gegenüber den angebotenen Suggestionen wird in diesen Stadien vom Patienten überprüft, das heißt die Kritikfähigkeit des Patienten ist nicht so eingeschränkt wie in einem tiefen Stadium; das gibt ihm Sicherheit und das Gefühl der Eigenarbeit. Aber auch hier möchte ich noch einmal erwähnen, daß die Hypnosetiefe immer schwankt, eine weniger gut angebrachte Suggestion kann jemanden relativ schnell aus einem tiefen Zustand herausreißen, ebenso wie ein leichter blitzartig in einen tiefen Zustand übergehen kann. Im Verlauf einer Sitzung durchlebt man faktisch ein hypnotisches Wellental, mal ist man beinahe an der Wachbewußtseinsgrenze, dann sinkt man hinab in die tiefsten Sphären an den Rand des Unbewußten.

Andere Selbsthypnotiseure meinen, daß sich bei ihnen überhaupt kein Erfolg einstelle. Die meisten täuschen sich, da sie die erreichte Tiefe ganz einfach unterschätzen, in der sie sich befanden. Probieren Sie es selbst einmal aus, und Sie werden bei Ihren ersten Übungen feststellen, daß Sie das Gefühl haben, jederzeit wieder aufstehen oder die Augen aufmachen zu können. Andererseits stehen Sie aber nicht auf und genießen es, sich zu entspannen und nichts tun zu müssen. Auch in diesen Fällen ist schon eine gewisse Hypnosetiefe zu verzeichnen, auch wenn sie sicherlich nicht sehr tief ist. Nach weiteren Versuchen werden Sie rasche Fortschritte machen und immer tiefer und schneller in die Welt der Alphawellen gleiten.

Es ist empfehlenswert, nach ungefähr vier Versuchen einen Test hinsichtlich des von Ihnen erreichten Tiefengrades zu machen. Allerdings sollten Sie negative Testergebnisse nicht entmutigen, es kommt sogar vor, daß ein Test trotz tiefer Hypnose fehlschlägt. Probieren Sie es aber trotzdem mal aus. Es bieten sich verschiedene Möglichkeiten an, Ihren Zustand zu überprüfen, etwa die im Kapitel über die Hypnosetechniken beschriebene Handlevitationsmethode. Ein weiterer Test ist die Augenkatalepsie, also die Unfähigkeit, Ihre Augen zu öffnen. LeCron schlägt dabei die Zählmethode vor:

»Suggerieren Sie sich, Ihre Augenlider würden schwer werden und es sei unmöglich, sie zu öffnen. Sobald Sie bis drei gezählt haben, werden Ihre Augen dicht geschlossen sein und können nicht geöffnet werden. Die Formulierung der Suggestion könnte folgendermaßen lauten: ›Wenn ich bis drei gezählt habe, wird es mir nicht gelingen, meine Augen zu öffnen. Je mehr ich mich anstrenge, um so fester werden sie geschlossen bleiben. Eins: meine Augenlider sind fest aneinandergepreßt. Zwei: es ist, als ob die Lider zu einer Einheit zusammengeschweißt wären und ich sie unmöglich öffnen könnte. Drei: jetzt sind sie miteinander verbunden, dicht miteinander verbunden. Sie sind dicht, dicht, dicht.‹

Versuchen Sie die Augen zu öffnen, wenn Sie das Wort ›dicht‹ wiederholen; aber hören Sie damit auf, sobald Sie feststellen, daß es Ihnen nicht gelingt.«

Das Abc der Autosuggestion

Sie wissen nun, wie sehr Suggestionen unser Leben von früh bis spät determinieren und beeinflussen. Kleinere Mißgeschicke, falschinterpretierte Kommentare, unüberlegte Aussprüche, lästige Pannen und dazu noch das schlechte Wetter und der Strafzettel hinter der Windschutzscheibe umkreisen einen wie ein Schwarm blutrünstiger Mücken, vor denen man nicht davonlaufen kann. Wie oft haben wir uns schon gesagt: »Ach, wäre ich doch heute im Bett geblieben« oder: »Den Tag hätte ich mir auch schenken können.« Jeder einzelne Quälgeist wäre für uns kein Problem, der ließe sich schon durch eine einigermaßen gute Tagesform ausbügeln. Mit der Masse an Mißlichkeiten schwindet aber zusehends unsere Sicherheit, wir werden empfindlich für jede noch so kleine Stichelei, ja wir suchen sie förmlich, um dem »Pechtag« noch die Krone aufsetzen zu können.

Die wenigsten Menschen besitzen die Fähigkeit, einer fortwährenden Häufung kleinerer Probleme ganz gelassen gegenüberzustehen und sich nicht dadurch den Tag verderben zu lassen. Die Kunst, mit diesen Alltagsproblemen souverän fertig zu werden, besteht darin, jedes einzelne gleich nach seiner Entstehung aus dem Weg zu räumen und nicht erst zu warten, bis der große Zorn über all das Elend dieses Tages sich am Abend seine Bahn bricht. Damit tut man nicht nur sich keinen Gefallen, auch die Familie oder Freunde müssen die miese Laune ertragen, die ihnen ebenfalls den Rest des Tages verderben kann.

In den letzten Jahren machte das Schlagwort »Positive Thinking« die Runde. Dieses positive Denken ist nichts anderes, als die negativen Vorkommnisse mit positiven Suggestionen zu neutralisieren. Sie werden sehen, wenn Sie dies beherrschen, unterliegen Sie fast nie mehr unberechenbaren Gefühlsschwankungen, Ihr Leben wird ausgeglichener, harmonischer und bunter.

Wir haben alle unsere Schwächen, die uns durchaus bewußt sind, die wir aber einfach nicht abschalten können und vor denen wir nur allzu schnell kapitulieren. Sei es der zu häufige Griff zur Flasche, oder sei es die panische Angst vor dem Zahnarzt.

Doch auch diese Mankos, die dem Betroffenen natürlich wesentlich wichtiger und ernsthafter erscheinen als dem, der keine Probleme damit hat, können durch Autosuggestion ausgemerzt werden. Im nachstehenden Abc der Autosuggestion wird jeder den einen oder anderen Schwachpunkt wiederfinden, der ihm schon so lange zu schaffen macht. Suchen Sie sich den jeweiligen Punkt heraus. Nehmen Sie sich Zeit und Ruhe, vielleicht jeden Tag eine Viertelstunde, und setzen Sie sich mit ihm auseinander. Verinnerlichen

Sie sich, daß jedes individuelle Problem seine Lösung im Erkennen seiner Entstehung hat. Relativieren Sie Ihr Problem, bauen Sie es ab, und nehmen Sie es nicht so wichtig. Damit entsteht mehr Raum und Distanz. Sie gewinnen damit eine größere Übersicht über die Zusammenhänge und auslösenden Momente, die Ihr Problem bedingen.

Im vorhergehenden Kapitel habe ich Ihnen die Einleitung in die Selbsthypnose beschrieben. Diese Basissuggestionen sind der Grundstock, auf den jede Behandlung aufbaut. Versetzen Sie sich nun in diesen Ruhezustand mit allem, was dazu gehört: Ruhe, Wärme, Schwere, rhythmisches und tiefes Atmen. Ist die Einleitung je nach individueller Tiefe abgeschlossen, können Sie beginnen, sich Ihre problemspezifischen Suggestionen vorzustellen. Diese Suggestionen sind natürlich nur Beispiele und Anregungen und sollten auch als solche verstanden werden. Auch hier gibt es selbstverständlich keine Patentrezepte und bei schwerwiegenderen Problemen oder funktionellen Störungen sollten Sie in jedem Fall einen Therapeuten befragen.

Ihrer Phantasie sind bei Ausbau und Variation der Bilder keine Grenzen gesetzt, die Form Ihrer Probleme kennen Sie schließlich selber am besten. Basteln Sie sich mit dem angebotenen Material Ihre Individualsuggestion.

Ganz wichtig: Wiederholen Sie immer die für Sie am wirkungsvollsten Suggestionen, machen Sie hinter jedem Satz eine Pause, und lassen Sie die Bilder wirken!

Vergessen Sie nicht am Ende einer Autohypnose die

abschließenden Aufwachssuggestionen. Zählen Sie am Ende jeder Autohypnose bis drei, und verbinden Sie mit jeder Zahl eine Empfindung und ein Bewußtseinstadium:

»Eins: Jedes Wärme- und Schweregefühl geht wieder auf das normale Maß zurück.

Zwei: Ich atme tief durch, recke mich und strecke mich.

Drei: Ich öffne nun meine Augen und bin wieder hellwach.«

Alkohol: Basissuggestionen. Versuchen Sie nun, sich Ihr Problem bildlich vorzustellen. Die Menge, die Sie täglich konsumieren, die Sorte des Alkohols, die jeweiligen Situationen, während denen Sie gern trinken. Stellen Sie sich die Flasche vor, zu der Sie normalerweise greifen würden.

»Ich trinke nun immer weniger. Alkohol wird immer unwichtiger in meinem Leben. Ohne Alkohol wird mein Leben immer freundlicher und schöner. Ich verspüre keinerlei Drang, etwas zu trinken. Das Gift, das ich jeden Tag zu mir nehme, verliert seine Wirkung. Ich bin froh und glücklich, wenn ich nichts trinke. Alkohol ist ganz unwichtig. Ich trinke nur noch das, was für meinen Körper gut ist. Die Flasche, zu der ich sonst gerne greife, verschwindet immer weiter aus meinem Leben, bis ich sie nicht mehr sehe. Sie wird unwichtig, andere Dinge rücken in den Vordergrund. Ohne Alkohol lebe ich intensiver und bewußter.«

Angst: Basissuggestionen. Stellen Sie sich nun eine Quelle vor, die aus Granitgestein entspringt. Sie sehen das klare Wasser, das in der Sonne sprudelt und glitzert, Sie hören das Plätschern und Gurgeln in der stillen Umgebung. Alles ist an diesem Ort viel klarer und reiner. Stellen Sie sich vor, wie Sie von dem Wasser trinken und die heilsame Energie dieses Wassers sie durchströmt.

»Das Wasser durchströmt die unendliche Vielfalt meiner Gefühle. Alle Angstgefühle, wann immer sie auch auftauchen, strömen aus mir heraus und machen dem heilsamen Wasser Platz. Jede Zelle und Pore meines Körpers wird von der lähmenden Angst befreit. Alle Angstgefühle strömen aus, meine Gedanken und Gefühle werden gereinigt. Neue, frische und klare Lebensenergie fließt in jede Zelle. Die Reinheit der Quelle ist meine eigene Reinheit, tief in mir sitzt die Kraft, die mich von jeder Angst befreit.«

BELASTUNGEN: Basissuggestionen. Das beim Stichwort Angst gezeichnete Bild der Quelle leistet auch bei jeder Form der Belastung hervorragende Hilfe. Ersetzen Sie die Angst durch Ihre jeweilige Belastung. Verbildlichen Sie sich die Quelle. Das reine Wasser durchspült Ihren Körper, jede Zelle wird reingewaschen.

»Ich steige in die Quelle hinein. Ich spüre eine belebende Energie, die bis in jede Pore dringt. Das heilende Naß erfrischt mich und spült jede Sorge, jede Frustration und jede Belastung von meiner Seele. Ich strecke mich in der Quelle, bin völlig frei, leicht und voller Energie. Sämtlicher Ballast fällt mir von den Schultern. Ich bin aufgeladen und voller Energie. Kein Problem kann mich in diesem Moment erreichen, jetzt bin ich frei und ganz ich selbst.«

BILDUNG: Jede Form des Lernens und der Bildung kann unter Hypnose immens gesteigert werden, indem man sich nur auf den entsprechenden Sachverhalt – ähnlich einem Brennglas – konzentriert. Jeder Mensch kann wesentlich schneller und effizienter lernen, wenn er sich von äußeren Blockaden löst.

Basissuggestionen. Imaginieren Sie sich Ihren Schreibtisch, an dem Sie sich normalerweise mit Ihrem Stoff befassen. Sehen Sie Ihr Arbeitsumfeld, Ihre Schreibtischlampe und Ihre Bücher.

»Nichts kann mich aus der Ruhe bringen. Ruhig und entspannt lese ich Seite um Seite, ohne daß es mich anstrengt. Nichts und niemand kann mich nunmehr ablenken, ich versinke ganz und gar in dem, was ich lerne. Ich bin gelassen und trotzdem voller Sicherheit und Interesse. Kein Wort, was ich lese, entgeht mir. Jeder Satz bleibt unwiderruflich in meinem Gehirn wie in einem Computer gespeichert. Ich durchdringe den Stoff immer schneller und sicherer, ich beginne komplexere Probleme schneller zu verstehen. Es bereitet mir keinerlei Schwierigkeiten.«

DER GANG ZUM CHEF: Basissuggestionen. Stellen Sie sich vor, wie Sie vor Ihrem Chef stehen. Ruhig und gelassen. Sie sind völlig Herr der Lage. Auf gleicher Höhe und von Angesicht zu Angesicht sprechen Sie mit ihm. »Ich drücke meinem Chef mit festem Griff die Hand. Ich spüre den festen kollegialen Druck und fühle mich ausgesprochen wohl dabei. Meine Stimme ist ruhig, sachlich und wohlklingend. Ich stehe ihm gegenüber und fühle mich absolut gleichwertig, in jeder Hinsicht ebenbürtig. Ich bin mir meines Wertes ganz bewußt. Auf jede Frage antwortete ich ohne Scheu und Angst. Ich glaube an mein Können. Alle Zweifel, die ich bisher hegte, werden unwichtig, sie lösen sich auf in nichts.«

DEPRESSIONEN: Hierbei sind weniger die pathologischen Depressionen angesprochen, sondern vielmehr die, die nach einem schweren Verlust auftreten oder mit einem schlimmen Erlebnis einhergehen. Bei ständigen massiven Depressionen sollte auf jeden Fall ein Therapeut konsultiert werden.

Basissuggestionen. Stellen Sie sich einen Baum vor. Eventuell eine uralte dicke Eiche. Lehnen Sie sich an diesen Baum an, spüren Sie seine Stärke, seine Festigkeit und uralte Kraft.

»Ich schaue in den Baumwipfel, es ist Herbst, die Sonne scheint golden durch die Baumkrone. Ich sehe die welken Blätter. Sie fallen nach und nach auf den Boden. Ich folge mit meinem Blick dem wunderschön gleichmäßigen Flug der Blätter. Genau wie dieser Baum werfe ich alle Depressionen, alle Schuldgefühle und Ängste von mir. Die Blätter bedecken den Boden und die alten, knorrigen Wurzeln. Ich fühle dieselben starken Wurzeln, die mich halten, die mir Festigkeit verleihen und vor jedem Umfall bewahren. Alle Depressionen sind fortgeweht, wie die Blätter vom Baum. Nichts kann mich umwerfen, ich werde von meinen massiven, starken Wurzeln gehalten. Ich fühle mich frei und sicher.«

DIÄT: Basissuggestionen. Stellen Sie sich im Geist vor, wie Sie gern aussehen würden oder wie Sie tatsächlich einmal aussahen. Nehmen Sie eventuell ein Bild aus vergangenen Tagen zu Hilfe, auf dem Sie schlank waren und eine ansprechende Figur hatten. Dieses Ziel können Sie erreichen.

»Alle Unzufriedenheit fällt von mir ab, und ich habe keinerlei Bedürfnisse mehr zu essen als eigentlich nötig. Ich werde wieder so schlank sein, wie ich es einmal war, und nichts kann mich von meinem Vorhaben abbringen. Ich stehe fest wie ein Fels und werde allen Gelüsten nach Leckereien leicht widerstehen. Ich brauche keine Süßigkeiten, mir genügt das, was ich mir jeden Tag als Höchstmaß gesetzt habe. Ich halte mich streng an meinen eisernen Diätplan, nichts kann meinen festen Willen brechen. So wie ich damals aussah, so gefalle ich mir. Ich möchte diese schlanke Figur wiedererlangen, diese schlanken Beine und Arme, diese Leichtigkeit des ganzen Körpers. Mein Durchhaltewillen ist unerschütterlich, ich werde so lange bewußter und genügsamer essen, bis ich mein Ziel erreicht habe. Auch wenn ich es geschafft habe, werde ich mich nicht mehr zum übertriebenen Essen hinreißen lassen. So wie ich mich von meinem Übergewicht trenne, so löse ich mich auch von meinen Problemen.

ESSEN: Hier empfehlen sich dieselben oder ähnliche Suggestionen wie beim Stichwort Diät. Je nach Bedürfnis können Sie die Suggestionen auf vegetarische Kost, Trennkost oder andere Ernährungsweisen umstrukturieren. Auch hierbei nicht vergessen: Wiederholungen sind das A und O.

EIFERSUCHT: Basissuggestionen. Projizieren Sie sich Ihr Selbstvertrauen vor Ihr geistiges Auge. Vielleicht in Form eines Felsen, der unerschütterlich in der Brandung steht. Vielleicht auch als festen Baum, dem kein Sturm etwas anhaben kann. Sie fühlen sich stark, selbstbewußt und sind in sich zufrieden.

»Ich lasse nun den anderen Menschen los. Ich lasse ihn einfach los. Ohne meine Eifersucht liebt der andere mich mehr denn je. Ich fühle mich frei und sicher. Alle Gefühle der Eifersucht, die mich immer wieder krank gemacht haben, puste ich in einen großen vollen Heißluftballon. Alle Gefühle der Angst und der Unsicherheit um den anderen blase ich direkt dort hinein. Jetzt spüre ich eine große Freiheit und Zuversicht. Ich löse die Schnur und lasse den Ballon aufsteigen, höher und höher, bis ich ihn nicht mehr sehe.«

FRESSUCHT: siehe Stichwort »Diät«

GIER: Basissuggestionen. Egal ob es sich um die Gier nach Geld, Liebe, Essen oder Anerkennung handelt, stellen Sie sich vor, wie diese Gier Sie mit eiserner Hand umschließt. Sie werden beherrscht von der Sucht nach mehr. Sie nehmen alles, was Sie kriegen. Zwanghaft, besessen von einem Griff, der Ihnen die Luft abdrückt.

»Ich atme tief ein. Ich halte die Luft an und blase sie langsam und voller Freude wieder aus. Ausatmen macht mir Freude. Ich spüre, wie sich der eiserne Griff, der mich umschließt, langsam löst. Ich kann mich plötzlich öffnen. Ich fühle mich frei und sicher. Ich löse mich von meiner Gier. Sie läßt mich los, und ich fühle mich wohl und frei. Alles fließt mir von alleine zu, und ich lasse es durch mich hindurchfließen und nehme mir nur das, was ich brauche. Ich atme ein und aus, ein und aus.«

GELD: siehe Stichwort »Gier«

HEKTIK: Basissuggestionen. Stellen Sie sich eine Tür vor, auf die Sie langsam, aber zielstrebig zugehen. Sie erreichen die Tür, öffnen sie, gehen über die Schwelle und ziehen die Tür wieder hinter sich zu. Vor Ihnen erstreckt sich eine traumhafte Landschaft. (Hier ist Ihre Phantasie gefordert. Entscheiden Sie, wo Sie sich am ehesten entspannen könnten; an einem See, auf einer Blumenwiese oder in einem frischen, grünen Laubwald).

»Alles, was mich den ganzen Tag über aufregte, liegt nun hinter dieser Tür. Hier liegt mein Reich der Ruhe und des Friedens. Hier schalte ich ab und lasse alles hinter mir. Nur ich habe den Schlüssel für diese Tür. Keiner erreicht mich in meiner Welt. Ich habe alle Zeit, die ich für mich brauche. Hier kann ich aufatmen, und aller Streß und jede Hektik fällt von mir ab. Hier schöpfe ich Kraft und Energie. Wenn ich genug geruht habe und genug Kraft getankt habe, kann ich jederzeit entspannt und voller Ruhe zurückkehren.«

HEMMUNGEN: siehe auch Stichwort »Der Gang zum Chef«
Je nach Art der Hemmung müssen die Suggestionen modifiziert werden. Der Grundtenor ist jedoch immer

der einer Simulation eines Erfolgserlebnisses. Hier sei das Beispiel »Schüchternheit« gewählt.

Basissuggestionen. Sie gehen auf den Menschen, den Sie verehren, mit festem, sicherem Schritt entgegen. Ihr Gang ist aufrecht, Ihre Augen sehen unverwandt in die Ihres Gegenübers. Nun stehen Sie vor ihr/ihm.

»Ich fühle mich frei und unbefangen. Ich bin mir meiner Verehrung vollkommen bewußt, der andere soll es auch spüren. Ich spreche die Person frei und unbeschwert an. Meine Stimme ist klar und sicher, ich sehe ihr lange und tief in die Augen. Ich spüre, wie ich angehört werde, wie der andere sich über meine Anwesenheit freut. Jede innere Verkrampfung ist auf einmal wie abgeschüttelt. Ich kann jeden Menschen mit meiner offenen Art erobern. Ich fühle mich einfach gut.«

Intuition: Basissuggestionen. Versuchen Sie, jeden logischen Gedankengang zu vermeiden. Schalten Sie Ihre Ratio ab. Lassen Sie sich gehen, sinken Sie in eine Welt, in der Sie jedes Bild mit Ihren persönlichen Farben ausmalen können.

»Ich stehe am Fenster und sehe, wie die rotglühende Sonne sich langsam über dem Horizont erhebt. Die Welt träumt noch. Das Gras ist noch naß vom Tau, und leichte Nebelschwaden verschleiern diesen wunderschönen Morgen. Ich sauge diese Frische des jungen Tages in mich auf. Ich weiß nicht, was dieser Tag mir bringen wird. Ich will überhaupt nichts. Ich bin gelassen und warte in völliger Harmonie auf die Dinge, die der Tag mit sich bringt. Jeder Tag bringt etwas anders. Auch in mir geht jeden Tag die Sonne auf und beschenkt mich mit immer neuen Dingen. Ich sehe tief in mir einen riesigen Schatz, den ich nur auszuschöpfen brauche. Das Leben ist schön.«

JUGEND: Basissuggestionen. Vergegenwärtigen Sie sich ein Bild aus Ihrer Jugend. Sie hatten ein faltenfreies Gesicht, einen jungen, dynamischen Körper.

»Langsam verblaßt dieses Bild meiner Jugend. Ich entwickle mich weiter, werde reifer und erfahrener. Jugend und Schönheit ist vergänglich. Das Rad der Zeit möchte ich nicht mehr zurückdrehen. Meine innere Schönheit und Jugend leben immer weiter in mir fort. Sie leben in mir fort wie in einem Brunnen, der niemals versiegt. Je älter ich werde, desto schöner werde ich im Inneren. Ich bin froh, daß ich nicht all die oft auch schlimmen Erfahrungen wiederholen muß. Ich freue mich meines Alters. Ich öffne mich nun jedem neuen Tag, jedem neuen Gedanken, und freue mich des Lebens. Ich genieße das Leben in vollen Zügen. Das Leben ist schön.«

KONKURRENZ: Basissuggestionen. Sehen Sie von einem erhöhten Standpunkt aus durch ein Glasscheibe hindurch auf all Ihre Kollegen. Sehen Sie, wie sie sich schikanieren, wie sie lästern, wie sie versuchen, sich mit den Ellenbogen nach vorn zu arbeiten.

»Keinerlei Druck lastet auf mir. Das Gerede meiner Kollegen erreicht mich nicht. Ich gehe meinen Weg immer weiter, immer weiter. Solange ich die anderen in Ruhe lasse, lassen sie mich auch in Ruhe. Ich biete keinerlei Angriffsfläche. Ich bin unbelastet und freue mich jeden Tag auf meine Arbeit. Ich bin mir meiner Leistungsfähigkeit voll bewußt und weiß was ich kann. Niemand kann mir etwas anhaben. In mir drinnen bin ich sicher und fest wie ein Fels.«

KONZENTRATION: siehe Stichwort »Bildung«

KOMPLEXE: siehe auch Stichworte »Hemmungen«, »Der Gang zum Chef«

Basissuggestionen. Jeder Mensch ist eine Persönlichkeit, sie will nur entwickelt und erweitert werden. Stellen Sie sich einen alten Mantel vor, den Sie anhaben und der voller schwerer Steine ist.

»Ich greife in die Taschen und fühle die Steine. Ich ziehe sie heraus und werfe sie weit von mir weg. Alle Steine werfe ich ganz weit weg. Ich recke und strecke mich und fühle zum ersten Mal, wie groß und stark ich bin. Ich wachse und werde immer größer. Ich bäume mich auf und werfe auch den alten Mantel in die Ecke. Ich sehe mich an und bin überrascht über all die Dinge und Fähigkeiten, die ich erst jetzt an mir sehe. Jetzt zieht mich nichts mehr zu Boden, ich fühle mein wachsendes Selbstwertgefühl und freue mich auf die Herausforderungen, die ich alle bewältigen werde.«

KONZENTRATIONSSTÖRUNG: siehe Stichwort »Bildung«.

LERNEN: siehe Stichwort »Bildung«.

LEISTUNGSDRUCK: siehe auch Stichwort »Belastungen«.

Basissuggestionen. Stellen Sie sich eine Mauer vor, gegen die Sie ständig fest drücken. Sie stemmen sich mit aller Gewalt dagegen, aus Furcht, sie könne ansonsten umfallen.

»Ich höre auf zu drücken. Ich gebe es auf, gegen die Wand zu drücken. Ich lasse los, gehe ein paar Schritte zurück, und sehe, daß die Wand dicker ist, als ich gedacht habe. Überall stehen Leute und drücken gegen diese Wand. Gegen ein Bollwerk, das nicht zu bewegen ist. Ich schaue mir diese Menschen an und sehe, wie sinnlos deren Unterfangen ist. Ich atme tief ein und aus, bewege meine Arme und Beine und spüre die Welt um mich herum. Wie sie lebt und sich bewegt, wie sich überall Menschen aneinander freuen und ganz ohne Druck miteinander leben. Das Leben ist schön ohne den Druck, den ich mir selber mache.«

MÜDIGKEIT: Basissuggestionen. Imaginieren Sie eine für Sie typische Situation unmittelbar nach dem Aufstehen. Vielleicht gehen Sie erst ins Bad oder zur Kaffeemaschine. Vielleicht wecken Sie auch erst Ihre Kinder.

»Ich spüre die natürliche Rhythmik von Wachen und Schlafen, von Tag und Nacht. Wie eine harmonische Wellenbewegung bewegt sich alles im stetigen Wechsel. Nachts erhole ich mich, tagsüber erwarten mich Aktivitäten und Verantwortung. Dieser Verantwortung stelle ich mich. Jetzt beginnt ein neuer Tag, ein Tag voller Farben, voller Aufgaben und Freuden. Ich freue mich auf diesen Tag. Ich warte gespannt, was alles auf mich zukommt. Ich stelle mich jeder Aufgabe. Ich flüchte mich nicht in meine Müdigkeit oder Resignation. Die tägliche Müdigkeit fällt wie welkes Laub von mir ab. Ich meistere jeden Tag mit mehr Freude.«

MINDERWERTIGKEITSGEFÜHLE: siehe Stichwörter »Hemmungen«, »Komplexe«.

NEID: siehe auch Stichwort »Konkurrenz, »Eifersucht«.

Basissuggestionen. Sie stehen auf einem Platz zwischen vielen Menschen. Alle Altersstufen, Rassen und Hautfarben sind dort vertreten, schöne und häßliche Leute. Die einen sind arm, die anderen reich, die dritte Gruppe liegt in der sozialen Mitte. Sie stehen mittendrin.

»Ich sehe alle diese Menschen. Der Reiche ist häßlich und hat Angst um sein Geld, der Schöne macht sich um nichts anderes Sorgen als um sein Aussehen. Der Arme will mehr Geld, der Mittelständler will Karriere machen, alle wollen irgendwohin und irgend etwas. Keiner ist mit dem zufrieden, was er hat. Jeder beneidet den anderen. Ich stehe ruhig und gelassen in der Mitte und möchte gar nichts. Ich möchte so bleiben wie ich bin, so wie der liebe Gott mich erschaffen hat. Ich möchte mit keinem tauschen. Ich gönne jedem das, was er hat. Ich bin glücklich und zufrieden in mir selbst. Alle Neidgefühle verflüchtigen sich wie ein Nebel und ich sehe klar und deutlich meine schöne Persönlichkeit.«

ORIENTIERUNG: Basissuggestionen. Sie stehen an einer Kreuzung oder an einem Scheideweg. Sie wissen nicht, in welche Richtung Sie gehen sollen. Alle Wege sehen gleich aus. Jeder hat seine Vor- und Nachteile.

»Ich sehe die Wege vor mir und weiß nicht, wohin sie führen. Ich weiß aber, daß ich einen Weg gehen muß, um vorwärts zu kommen. Tief in meinem Inneren ist der Weg vorgezeichnet, ich muß ihn nur erkennen. Ich betrachte jeden Weg genau und lasse ihn auf mich wirken. Ich gehe im Geiste diesen imaginären Weg, und erlebe Hindernisse. Ich nehme den nächsten Weg und mache das gleiche noch mal. Plötzlich entdecke ich meinen Weg und ich werde ihn beschreiten. Ich erkenne ihn plötzlich, wie er sich von den anderen abhebt, als wäre er extra für mich gebaut. Dies ist mein Weg und über ihn werde ich mein Ziel erreichen.«

PRÜFUNGSANGST: siehe auch Stichwort »Angst«

Basissuggestionen. Stellen Sie sich die Prüfung vor. Sie stehen im Raum und sehen die Prüfer, die wollen, daß Sie die Prüfung bestehen.

»Die ganze Angst vor der Prüfung verbanne ich jetzt völlig aus meinen Gedanken. Ich fühle eine innere Kraft und Ruhe durch meinen ganzen Körper strahlen. Ich bin voller Zuversicht, die Prüfung zu bestehen. Ich weiß, daß ich den Stoff beherrsche. Ich habe gelernt und kann alles. Auf jede Frage der Prüfer antworte ich souverän und korrekt. Nichts kann mich aus der Ruhe bringen. Die innere Kraft ist wie ein Quell. Sie löst alle Ängste, ich werde zusehends sicherer. Jetzt genieße ich das Gefühl, die Prüfung bestanden zu haben. Ich werde bewundert, und es ist schön, erfolgreich gewesen zu sein. Alle Sorgen lösen sich auf, und ich weiß, daß ich in meinem Leben jede Prüfung bestehen kann.«

PLATZANGST: Basissuggestionen. Stellen Sie sich einen großen Platz vor, ein weites Feld. So weit Ihr Auge reicht, ist nichts zu sehen, kein Haus, keine Straße, nichts.

»Das ist mein Feld, mein Platz. Er gehört mir ganz allein. Ich bin der Herr über dieses Reich. Jegliches Gefühl der Angst und der Belastung, die durch diese Weite entsteht, entweicht meiner Seele. Ich genieße die unendliche Ebene. Es ist ein erhebendes Gefühl. Ich atme die reine Luft und werde zusehends sicherer. In mir ist ein riesiger Raum, den ich mit all meinen Gefühlen ausfüllen werde. Kein Platz ist groß genug für die Vielfalt meiner Gedanken, meiner Träume und Phantasien. Ich liebe die Freiheit, die der Raum mir schenkt. Jeden Tag werde ich ein neues Stück dieses Raumes erobern. Ich male diesen Raum mit meinen Farben aus und werde immer glücklicher dabei.«

RAUCHEN: Basissuggestionen. Halten Sie sich die Menge der Zigaretten vor Augen, die Sie täglich konsumieren. Sehen Sie die Schachteln, die ausgeglühten Kippen im Aschenbecher. Spüren Sie den kalten Rauch, der noch Stunden nach dem Rauchen in der Luft steht. Vergegenwärtigen Sie sich des Geschmacks, den Sie morgens nach dem Aufstehen im Mund verspüren.

»Ich wandere mit meinen Blicken direkt in meinen Körper hinein. Ich sehe meine verbrauchten Lungenflügel, wie sie sich bei jedem Atemzug mehr und mehr anstrengen müssen. Ich empfinde Widerwillen, ein schlimmes Ekelgefühl gegen das Gift, das meinen Körper zerstört. Ich löse mich von der Sucht nach der

Zigarette. Ich bin der Herr über meinen Körper, nicht umgekehrt. Ich entscheide, was gut für meinen Körper ist. Ich brauche keinen Qualm mehr, der meinen Körper belastet. Ich fühle mich glücklich und befreit von meiner Sucht. Ich sehe, wie nach und nach meine Lungen rosiger werden, wie sie dunkle Teerbrocken absondern, wie frisches sauberes Gewebe entsteht. Ich atme auf und bin erlöst von meiner Sucht.«

REDEN HALTEN: siehe auch Stichwort »Prüfungsangst«.
Basissuggestionen. Sie sehen vor sich einen großen Raum. Einen Seminarraum, einen Saal mit einer festlichen Gesellschaft oder ein Kollegium, vor dem Sie nun sprechen sollen. Sie erheben sich und gehen locker und mit festen Schritten zu Ihrem Rednerpult.
»Ich sehe eine große Menschenmenge, die mich erwartungsvoll anblickt. Ich strahle eine innere Ruhe und Gelassenheit aus. Ich spüre die Macht meiner Worte, die die Menschen in ihren Bann zieht. Ich bin Herr dieser Situation. Ich spreche laut, deutlich und voller Sicherheit. Ich sehe dabei den Menschen unverwandt in die Gesichter und spüre die Faszination, die ich mit meinen Worten auf sie ausübe. Jedes meiner Worte ist wie eine Perle, die ich mit meinem Mund forme. So werde ich jetzt jede Rede halten, die ansteht. Ich habe Freude dabei und fühle mich von Mal zu Mal souveränder und sicherer.«

STRESS: siehe Stichwort »Hektik«, »Belastungen«.

SPRACHPROBLEME: siehe Stichwort »Reden halten«.

SCHLAFSCHWIERIGKEITEN: Basissuggestionen. Vor Ihrem geistigen Auge entsteht ein schwarzes Loch, wie Sie es von Bildern aus dem Weltall kennen. Von diesem schwarzen Loch werden all Ihre Gedanken, Ihre Alltagsprobleme und Sorgen unwiderstehlich angezogen. Sie verschwinden darin wie in einem Staubsauger.

»Ich fühle mich frei und erlöst von meinen Alltagssorgen. Kein Gedanke erreicht mich nunmehr. Ich lasse alle Gedanken los und sehe, wie sie von dem schwarzen Loch mit gewaltiger Energie angezogen werden. Mein Kopf ist leer und sorgenfrei. Ich freue mich auf die erholsamen Stunden Schlaf. Ich zwinge den Schlaf nicht herbei. Ich liege entspannt in meinem Bett und weiß, daß er kommt und mich umhüllt mit einer wohltuenden Decke, die aus Ruhe und Träumen gestrickt ist. Ich lasse mich fallen, fallen, immer tiefer fallen. Ich werde morgen tief erholt und ausgeruht erwachen. Ich weiß nun, daß mein gesunder Schlaf mich immer begleiten wird. Ich werde niemals mehr Schlafprobleme haben. Ich liebe es, zu schlafen.«

TOLERANZ: siehe auch Stichwort »Konkurrenz« und »Neid«.

Basissuggestionen. Stellen Sie sich einen Strand vor. Einen weiten unabsehbar großen Strand, der übersät ist von Hunderttausenden von Muscheln. Jede Muschel hat ihre eigene Gestalt, Größe und Farbe.

»Ich bin eine dieser Muscheln. Ich finde mich schön. Ich bin stolz auf alle meine Eigenschaften. Trotzdem bin ich nur genausoviel wert wie die anderen Muscheln auch. Jede Muschel hat ihren eigenen Charakter, ihren eigenen Wert. Manche sind schöner, manche sind größer als ich. Viele sind kleiner und unscheinbarer. Ich möchte keine einzige verändern, ich bin sehr froh über diese Vielfalt. Genauso vielfältig sind die Menschen. Jeder schillert in einer anderen Farbe so wie die Facetten im Auge einer Fliege. Kein Mensch ist perfekt, aber jeder ist ein phantastisches Geschöpf. Ich werde von nun an alles tolerieren, was andere Menschen sind und sagen.«

TRÄUME: Basissuggestionen. Sie liegen in Ihrem Bett und befinden sich in dem Dämmerzustand kurz vor dem Einschlafen. Der Tag weicht der Nacht. Eine andere Welt tut sich auf. Eine Welt, die genauso real ist wie der Tag. Genießen Sie diese Welt, in der Sie tun und lassen können, was Sie wollen.

»Ich sehe Bilder vor mir aufziehen. Landschaften, Situationen, Menschen und Gestalten meiner Phantasie. Es sind meine Bilder, sie sind tief in mir drin entstanden, ich habe sie geschaffen. Ich schaue mir jedes genau an. Es ist, als ob ich in einen Spiegel sehe, jedes Bild ist ein Teil von mir. Ich erfahre in diesem Spiegel sehr viel über mich, und ich bin dankbar und froh darüber. Ich träume sehr gern und nehme die Bilder mit in den Tag so wie ich die Bilder des Tages mit in die Nacht nehme. Ich genieße meine Träume und nehme sie wichtig.«

UNRUHE: siehe Stichwort »Hektik«.

URLAUB: Basissuggestionen. Sie liegen am Strand oder wandern in den Bergen (imaginieren Sie sich Ihre

Wunschurlaubssituation). Sie gehen Ihren Urlaub ruhig und gelassen an. Sie machen die Tür hinter Ihrem Alltag und Beruf zu. Sie wollen regenerieren, auftanken.

»Jeden Urlaubstag erwarte ich mit stiller Freude. Ich tanke die Lebensfreude, die der Tag mir bringt. Ich bin gespannt und lasse trotzdem alles ganz ruhig angehen. Ich habe Zeit, viel Zeit. An jedem neuen Tag genieße ich das Leben, lasse die Eindrücke des Tages auf mich wirken und einfließen. Es gibt nichts, wozu ich mich zwingen muß. Es gibt keinen Streß, keine Hektik, keinen Druck, der auf mir lastet. Ich bin frei wie ein Vogel, und ich tanke die Energie der Sonne und der Umgebung, die mich umgibt. Wenn ich nach Hause komme, bin ich wie eine aufgeladene Batterie. Voller Kraft und Harmonie. Ich freue mich auf jeden Tag, jeden einzelnen Tag.«

VERKEHR: siehe auch Stichworte »Hektik«, »Belastung«.

Basissuggestionen. Sie befinden sich auf einer dichtbefahrenen Landstraße. Ständig staut sich der Verkehr, alle Ampeln schalten ständig auf Rot, und Sie kommen einfach nicht voran.

»Ich bleibe gelassen. Ich habe alle Zeit der Welt. Wenn ich mich aufregen würde, käme ich auch nicht schneller weiter. Jede Hektik der Straße rauscht an mir vorbei. In meinem Wagen genieße ich die Zeit. Nach und nach löst sich jede Stauung auf. Ich gleite an den anderen Fahrzeugen vorbei, schneller und schneller, voller Sicherheit und Konzentration. Ich schwebe durch die Landschaft, genieße den Sonnenstrahl und fahre zu meinem Ziel. Ich erreiche jedes Ziel, das ich mir ausgesucht habe. Voller Ruhe, Selbstsicherheit und Konzentration.«

WOCHENENDE: siehe auch Stichwort »Urlaub«.

Schneiden Sie sich Ihre Suggestionen auf Ihr Wochenende zu. Genießen Sie jeden Tag, jede Stunde. Erleben Sie ganz bewußt alle Ihre Vorhaben und Pläne.

»Ich habe nun Zeit für mich. Ich lasse alles los, was mich in der Woche über belastet. Mit der Kraft, die ich am Wochenende tanke, kann ich wieder voller Schwung den Anforderungen der Woche und der Arbeit gerecht werden. Ich nutze den Tag. Das Wochenende ist wie ein See oder eine Oase, auf die ich mich zurückziehe und die freie Zeit genieße. Ich muß überhaupt nichts tun. Hier darf ich mich gehenlassen und entspannen. Jede Anstrengung fällt von meinen Schultern ab. Lebensfreude durchdringt meinen Körper und meine Seele. Ich freue mich auf das Wochenende.«

WÜNSCHE: Basissuggestionen. Sie sehen eine Straße vor sich. Sie stehen am Anfang dieser Straße und marschieren los. Sie wissen, daß am Ende dieser Straße das Ziel Ihres Wunsches steht, und Sie wissen, daß Sie es erreichen.

»Ich gehe los und laufe langsam und entspannt meinem Ziel entgegen. Ich habe meinen Wunsch genau vor Augen. Ich sehe das Ende der Straße und damit das Ziel meiner Vorstellungen. Immer konkreter und plastischer wird dieses Bild. Am Anfang ist es noch verschwommen, doch nach und nach zeichnen sich die Konturen immer klarer ab. Ich weiß, daß ich das Ende der Straße auf jeden Fall erreichen werde. Mal gehe ich einen Schritt zur Seite, mal einen Schritt zurück, doch unentwegt bewege ich mich meinem Ziel entgegen. Nichts kann mich aufhalten. Ich habe Zeit und überstürze nichts. Ich gehe jeden Meter meines Weges ganz bewußt, unaufhaltsam. Hindernissen weiche ich aus und überwinde sie mit großer Zuversicht. Jeder Wunsch, der sich bildhaft vor meinem geistigen Auge abbildet, verwirklicht sich ganz automatisch, ganz automatisch.«

ZAHNARZT: Basissuggestionen. Stellen Sie sich vor, wie Sie in einer Zahnarztpraxis auf dem Behandlungsstuhl sitzen. Sie erwarten die Behandlung mit einer ungewöhnlichen Gleichgültigkeit. Sie wissen, daß Sie keine Angst vor Schmerzen zu haben brauchen.

»Ich konzentriere mich auf meinen Mund und meine Zähne. Ich spüre wie das Blut durch meine Adern pocht und meine Zähne und mein Zahnfleisch mit lebensnotwendigen Stoffen versorgt. Meine Mundmuskulatur entkrampft sich, sie wird weich und locker. Jede Anspannung löst sich. Ich spüre wie die Schmerzpunkte in meinem Mund einschlafen. Jeder Nerv im Mund ist wie betäubt, wie gelähmt. Kein Schmerz kann sie erreichen. Meine Angst und meine Anspannung weichen einem Gefühl des zufriedenen Wartens. Ich verspüre keinerlei Angst vor den Spritzen und Bohrern. Sie berühren nur taubes Gewebe. Meine Zahnschmerzen werden in wenigen Minuten vorbei sein.«

ZIELE: siehe Stichwort »Wünsche«.

Das katathyme Bilderleben

Eine Form der Selbsthypnose, die Sie allerdings bei einem Therapeuten erlernen sollten, ist das katathyme Bilderleben. J. H. Schultz bezeichnete es als die »Oberstufe des autogenen Trainings« und hat insofern recht, als daß das Bilderleben eine Mittlerstellung zwischen autogenem Trainung und Hypnose darstellt. *Katathym* kommt aus dem Griechischen und bedeutet soviel wie gefühls- oder wunschbedingt. Die Methode orientiert sich an der Traumdeutung, das heißt die suggerierten Bilder, beispielsweise eine Wiese oder ein Haus, haben eine tiefe symbolische Bedeutung. Hat der Patient gelernt, dieses Bild vor seinem geistigen Auge zu zeichnen, versucht er in das symbolträchtige Bild hineinzugehen, es zu gestalten und aktiv an diesem selbstgewählten »Traum« teilzunehmen.

Vielleicht erinnern Sie sich noch an das Beispiel von den Senoi, zu deren Kultur es gehört, in Träume aktiv einzugreifen.

Aus dem Verhalten des Patienten, seinen Reaktionen, Ängsten und anderen Emotionen kann der Therapeut auf die Ursachen eines verdrängten Komplexes schließen. Wichtig dabei ist, daß der »Träumer« sein Bild selbst gestaltet und anhand seiner Reaktionen gar nicht unbedingt die Analyse des Therapeuten benötigt, da er ja unterschwellig weiß, was ihn in seinem Bild derart aufgewühlt hat. In den seltensten Fällen gelingt es auf Anhieb, den Auslöser eines verdrängten

Problems anhand des Bildgeschehens zu ersehen, man muß einen bestimmten Symbolkomplex herausisolieren, auf den man sich während des Bilderlebens konzentriert hat, zum Beispiel den Keller oder das Dachgeschoß eines Hauses. Dem Kranken bleibt dabei völlig freie Hand, er ist der Regisseur in seinem Film (das ist die fortgeschrittene Stufe des katathymen Bilderlebens, das sogenannte Bildstreifendenken). Das, was der Patient in Fremd- oder Eigenhypnose sieht, dient anschließend als Material, das der Patient zusammen mit seinem Arzt analysiert.

Wie läßt sich nun der Symbolgehalt eines Bildes interpretieren? Klar ist, daß man keine allgemeingültigen Pauschalbeurteilungen geben sollte, denn jeder legt seine eigene Meßlatte an den Wert bestimmter Bildteile an. Für den einen ist der Adler, der ihn in seinem Bild überfliegt nichtssagend und uninteressant, für den nächsten ist er lebensbedrohend oder heilbringend. Die Wertung muß jeder dabei selbst übernehmen auf jeden Fall wäre es falsch, sich auf verallgemeinernde Symboldeutungen billiger Traumlexika zu stützen. Ein Traumbild ist immer, ebenso wie das katathyme Bilderleben, individuell und vielschichtig.

Das Erlernen des katathymen Bilderlebens ist in Selbsthypnose langwierig. Es setzt eine mittlere Hypnosetiefe voraus. Der erste Schritt dabei ist das Farbensehen. Versuchen Sie, nachdem Sie die Selbsthypnose eingeleitet und einen tiefen Ruhezustand erreicht haben, verschiedene Farben klar und deutlich vor ihr geistiges Auge zu projizieren. Beginnen Sie mit der Farbe Violett, und durchwandern Sie das ganze für unser Auge sichtbare Farbspektrum, das Sie im Regenbogen wunderschön aufgegliedert finden. Also zunächst Violett, dann Blau, Grün, Gelb, Orange und abschließend Rot. Hinter der Farbe Rot verbirgt sich der Eingang zu Ihrer selbstgewählten Bildlandschaft, in die Sie nun eintauchen können.

Trotzdem möchte ich Ihnen raten, vor Ihrem ersten Bilderleben über Ablauf, Technik und Intensität mit einem Hypnosetherapeuten zu sprechen und die ersten Versuche in seiner Anwesenheit zu unternehmen.

Wechselwirkungen zwischen Körper und Seele

Erstaunliches aus der Medizin

Eines der spektakulärsten Showelemente der Bühnenhypnose ist die suggerierte Brandblasenbildung. Dem Kandidaten wird dabei in Trance eine ganz normale Münze auf den Handrücken gelegt und gesagt, es wäre ein glühendes Stück Metall. Die körperliche Reaktion läßt nicht auf sich warten – es bildet sich eine Brandblase. Mediziner konnten keinerlei Hautgewebezerstörungen oder Hitzeeinwirkungen feststellen, die Blasenbildung des Körpers war ein normaler Schutzmechanismus gegen die suggerierte Gefahr »Hitze«. Auf dieselbe Weise reagiert der Körper, wenn man ihn unter Hypnose mit einer Gefahrensituation, etwa einem angreifenden Tier, konfrontiert. Das Herz rast, sämtliche Energiereserven werden freigesetzt, der Adrenalinspiegel steigt, weiße Blutkörperchen werden mobilisiert; eben alle Funktionen, die der Körper in einer tatsächlichen Gefahrensituation auch aktivieren würde.

Ein anderes »medizinisches Wunder« ist sehr oft an Kliniken überprüft und eindeutig bewiesen worden.

Suggeriert man einem Zuckerkranken, er bekomme nun seine obligatorische Insulinmenge gespritzt, so reagiert der Blutzuckerspiegel tatsächlich so, als befände sich das Insulin im Körper. Ähnliches gilt für die anderen Organe. Man kann Versuchspersonen in Trance suggerieren, sie tränken einen Liter Tomatensaft – die Harnausscheidung steigt entsprechend an und die Konsistenz des Harns gleicht der des suggerierten Getränks.

Der ungarische Arzt und Hypnosetherapeut Dr. Völgyesi untersuchte mittels Magensonden die Magensaftproduktion unter Hypnose. Auf die Suggestion bestimmter Mahlzeiten schüttete der Magen, je nach Zusammensetzung der Speisen, eine bestimmte Magensaftmenge aus, stoppte Völgyesi die imaginäre Speisezufuhr, so stoppte auch der Magen die Produktion der Magensäfte.

Sie kennen den Ausdruck »mir läuft das Wasser im Munde zusammen«. Das Wasser, also die Speichelflüssigkeit, läuft tatsächlich im Munde zusammen, eine körperliche Reaktion auf das Bild »leckeres Essen«.

Allein die Vorstellung an bestimmte Speisen läßt die Verdauungssäfte ins Wallen bringen, die Folge ist: »mir knurrt der Magen« – eine typische Autosuggestion mit entsprechenden körperlichen Auswirkungen.

Man kann unter Hypnose Schüttelfrost und Schweißausbrüche genauso auslösen wie Bluthochdruck oder Herzrasen. Alle körperlichen Vorgänge – auch solche, die wir normalerweise als unwillkürlich kennen – lassen sich in der Hypnose steuern.

Krankheiten, die sich sehr oft über eine funktionelle Störung, sprich Über- oder Unterproduktion bestimmter hormoneller Vorgänge, äußern, können mittels Hypnose auf sanfte Weise und ohne medikamentöse Nebenwirkungen den Krankheitsherd ruhiggestellt werden; ein erster wichtiger Schritt in Richtung Genesung. Alle durch seelische Beeinflussung entstandenen Krankheiten, egal ob sie sich psychisch oder körperlich äußern, lassen sich auf eben diesem Weg wieder rückgängig machen.

Emotionen machen auf sich beinahe unentwegt »am eigenen Leibe« aufmerksam. Sie registrieren jeden Tag, wie sich Gefühle, Vorstellungen und Ereignisse sofort auf der körperlichen Ebene manifestieren, in beinahe sprichwörtlichem Sinne. Sie »fühlen schmerzhaft, wie sich Ihr Magen zusammenzieht«, »Ihnen ist etwas auf den Magen geschlagen«, »er will etwas nicht schlucken«, »sein Hals war wie zugeschnürt«, »etwas blieb ihr vor Schreck im Hals stekken«, »vor Angst hätten Sie sich am liebsten in die Hosen gemacht«, »die Nachricht ließ sein Herz höher schlagen«. Jedes Organ, der ganze Mensch, reagiert auf jegliche Geschehnisse, die uns täglich passieren, mal weniger heftig, so daß wir es kaum merken, dann so stark, daß »wir vor lauter Zittern die Kaffeetasse abstellen müssen« oder »uns die Haare zu Berge stehen«.

Diese enge Abhängigkeit emotionaler-körperlicher Vorgänge hat natürlich seinen Grund und ist im übrigen nur ein Zeichen dafür, daß die obligatorisch vorgenommene Trennung zwischen Körper und Seele und seelischen Krankheiten oder auch zwischen Körper und Seele völlig inadäquat ist. Diese beiden Menschseinsebenen lassen sich nicht trennen, und Krankheit ist nicht ein Aspekt, den man nur der einen Ebene zurechnen darf, Krankheit geht grundsätzlich den ganzen Menschen an. Darauf werde ich im nächsten Kapitel näher eingehen, an dieser Stelle sollen die Übertragungsmechanismen vom Außen auf das Innen, vom eigentlichen Anlaß zur Niederschlagung im krankhaften Ausdruck veranschaulicht werden. Was passiert da nun eigentlich zwischen Körper und Seele? Wo ist die Kontaktstelle, die Emotionen in körperliche Vorgänge umsetzt? Dazu müssen wir einen kurzen Blick auf unser Nerven- und Hormonsystem werfen.

Nerven- und Hormonsystem

Genau wie die Adern unseren Körper wie ein Netz durchziehen und jede einzelne Zelle mit Blut versorgen, so bildet auch das Nervensystem ein phantastisches, filigranes Geflecht hauchdünner Nervenbahnen, die Hand in Hand mit dem Gefäßsystem zusammenarbeiten.

Unser Nervensystem ist ein derart komplexes Gebilde, so daß die Wissenscharf es in folgende Kategorien unterteilt:

a) Das Zentralnervensystem wird von Gehirn und Rückenmark gebildet.

b) Das periphere oder willkürliche Nervensystem besteht zum größten Teil aus Rückenmarksnerven, die sich vom Rückenmark bis zu den Muskeln (motorische Nerven) und den Empfindungsorganen (sensorische Nerven) ziehen. »Willkürlich« wird es deshalb genannt, weil die einzelnen Funktionen zum größten Teil dem Willen unterworfen sind.

c) Das Pendant zum willkürlichen ist natürlich das unwillkürliche oder auch vegetative Nervensystem. Hier werden lebensnotwendige Prozesse gesteuert, wie beispielsweise unsere Herzschlagfolge, der Blutdruck, die Darmtätigkeit sowie Temperatur- und Schweißregulation, usw.

Wir werden gleich sehen, daß diese Aufspaltung in die drei Bereiche selber etwas »willkürlich« gewählt ist, da sie nur bedingt zutreffen, andererseits ist es aus medizinischer Sicht sinnvoll.

Wie aufwendig wäre es für uns, uns auch noch mit solchen »profanen« Dingen wie der Regulation des Herzschlages oder der Darmtätigkeit zu beschäftigen? Stellen Sie sich vor, Sie müßten die Verdauung eines Apfels genauso bewußt steuern wie das Schreiben eines Briefes. Nachts müßten Sie alle fünf Minuten wieder aufstehen, um den Herzschlag, die Nierentätigkeit und Temperaturregulation neu einzustellen. Eine sehr trostlose Perspektive. Infolge der Überlastung, die uns diese Arbeit – geschehe sie bewußt – bescheren würde, hätten wir wahrscheinlich kaum mehr das Energiepotential, Bewegungsabläufe, wie Laufen, Essen und Händeklatschen zu koordinieren. Wir wären ganz froh, den immensen Arbeitsaufwand, den die chemischen Prozesse in unserem Körper sekündlich erfordern, einigermaßen in den Griff zu bekommen. Insofern ist es ganz angenehm, wenn diese Funktionen automatisiert werden, und diese Arbeit nimmt uns das vegetative oder autonome System ab.

Trotzdem sind auch diese autonomen Prozesse bedingt steuerbar, etwa durch Hypnose oder Meditation. Extreme Beispiele hierfür finden sich in Indien. Indische Yogis, und das wurde klinisch per EKG überprüft, sind in der Lage, ihren Herzschlag zum Stillstand zu bringen und ihn nach einer gewissen Zeit wieder zu aktivieren. Tibetanische Mönche beherrschen es, ihre Körpertemperatur den Klimabedingungen des Himalaya anzupassen. Nur mit dem bekleidet, was der liebe Gott ihnen mit auf diese Erde gab, meditieren diese Menschen tagelang bei minus 30° C, ohne irgendwelche Erfrierungen davonzutragen. Andere Yogis verzehren, ohne mit der Wimper zu zukken, löffelweise hochgradige Gifte wie Zyankali oder zerstoßenes Glas. Was den robustesten Elefanten umwerfen würde, hinterließ bei diesen Menschen nicht den geringsten körperlichen Schaden. Selbstbeherrschung ist alles, könnte man da sagen, doch ich bitte Sie, beherrschen Sie sich, diese Experimente sind nicht zur Nachahmung zu empfehlen.

Es sollte hiermit gezeigt werden, daß mit der entsprechenden Übung anscheinend unwillkürliche Prozesse sehr wohl beeinflußt werden können und somit der Begriff »autonomes Nervensystem« nur partiell richtig ist.

Das vegetative Nervensystem setzt sich aus dem sympathischen Teil und dem parasympathischen Teil zusammen. Diese Teile sind repräsentiert durch die zwei Hauptnervenstränge Sympathikus und Parasympathikus oder Vagus. Diese beiden Gesellen tragen nun die volle Verantwortung, ob wir bei peinlicher Gelegenheit erröten, es uns heiß und kalt den Rücken hinunterläuft oder ein ununterdrückbares Gähnen unsere offensichtliche Langeweile ankündigt. Der Parasympathikus hemmt hierbei unsere Aktivitäten, der Vagus hingegen schürt unser emotionales Feuer (das ist sehr vereinfacht dargestellt und nicht immer so, der Vagus beispielsweise fördert die Herztätigkeit, der Parasympathikus hemmt sie; bei der Verdauung ist es genau umgekehrt). Ihr Zusammenspiel ermöglicht ein variables Gleichgewicht, das nie stabil ist, aber auch längere einseitige Ausbrüche in euphorische oder in phlegmatische Richtung verhindert. Je nach Zeitpunkt dominiert der Vagus oder der Sympathikus. Nachts beispielsweise, wenn der Körper uns durch Gähnen und zufallende Augen signalisiert, daß ein bißchen Schlaf nicht das Schlechteste wäre, gewinnt der Parasympathikus über den Sympathikus die Oberhand. Andererseits ist es dem Sympathikus in die Schuhe zu schieben, wenn uns ein Mensch sehr »sympathisch« ist, und wir in seiner Gegenwart erröten und anfangen herumzustottern. In der medizinischen Literatur werden beide Nervenstränge oft als Gegenspieler bezeichnet, ich würde sie eher als Pole bezeichnen, deren Zusammenarbeit – ähnlich der Heiß- und Kaltwasserzufuhr beim Duschen – eine gesunde, elastische körperliche Balance ermöglichen.

Gleichzeitig verzahnen sich die Ausläufer dieses vegetativen Systems in jeder einzelnen Körperzelle mit dem willkürlichen System, ein Grund dafür, daß kein körperlicher Vorgang rein willentlich oder unwillentlich vor sich geht. Die Grenzen verwischen sich an dieser Stelle. Die Übertragung der Reize vom einen zum anderen System übernehmen Botenstoffe, sogenannte Neurohormone; man könnte sie als Informationsmittler bezeichnen.

Bevor eine Information des peripheren Systems, beispielsweise der Anblick einer jungen Dame, an das Gehirn weitergeleitet wird, übernehmen verschiedene Zwischenstationen auf der Nervenbahn die vorläufige Bearbeitung dieses visuellen Reizes. Unwichtigere Impulse, die das Gehirn zusätzlich belasten könnten, werden ausgesondert oder vereinfacht (der Begleiter der Dame wird nur allzu gerne »übersehen«), die wichtige Information »schöne Frau« weitergeleitet. Natürlich reagieren die Gehirnwindungen des weiblichen und des männlichen Geschlechtes sehr unterschiedlich, vor allem, wenn der äußere Anlaß ein Objekt der Begierde Frau ist.

Im Zwischenhirn werden nun die Sanktionsmaßnahmen für diesen Reiz festgelegt. Hier befindet sich die Zentralstelle für die meisten physiologischen, also körperlichen Abläufe. Blutdruck, Atmung, Herzschlag, Schweißabsonderung, Stoffwechselvorgänge wie Zucker- und Fettgehalt des Blutes sowie die Ausscheidungen werden vom Zwischenhirn gesteuert, und ebenso befinden sich hier die psychischen Zentralstellen für Affekte (starke Gemütsregungen, Leidenschaften) und die Wach-Schlaf-Rhythmik.

Von weiblicher Seite aus würde der Vorfall wahrscheinlich weniger physiologische Konsequenzen haben als von männlicher. Für die Herren der Schöpfung wäre erhöhter Blutdruck, höhere Herzfrequenz sowie eine schnellere Atmung angesagt, nicht zuletzt dadurch, weil der Mann es mit einer »Gefahrensituation« zu tun hätte. Diese Körperfunktionen heißt es nun in Gang zu bringen und zu steuern und diese gewaltige Arbeit liegt nun allein in der Hand der Drüsen und ihren Produkten, den Hormonen.

Am Zwischenhirn »hängt« im wahrsten Sinne des Wortes die Hirnanhangdrüse oder Hypophyse (griech. Nachwuchs, Sprößling). Sie ist die wichtigste Drüse des Menschen, auch wenn sie nur die Größe einer kleinen Murmel hat. Hier werden eine Vielzahl von Hormonen gebildet, auch wenn die Hormonforschung, die im Jahre 1936 vom kanadischen Arzt Dr. Hans Seley begründet wurde, noch längst nicht die ganze Bandbreite ihrer Produktivität erfaßt hat. Gesichert ist, daß ein Hormon der Hypophyse den Blutdruck erhöht, ein zweites Muskulatur kontrahieren läßt und zwei weitere Hormone die Urinbildung in den Nieren hemmen oder stimulieren. Außerdem schaltet und waltet die Hypophyse über die Arbeit der übrigen endokrinen Drüsen, also der, die Hormone ins Blut abgeben (im Gegensatz zu den exodrinen Drüsen wie zum Beispiel die Speicheldrüsen im Mund).

Damit ist die Hirnanhangdrüse trotz ihrer augenscheinlichen Mickrigkeit eines der bedeutendsten Organe in unserem Körper, das für einen reibungslosen Ablauf unserer Körperfunktionen und unser individuelles Wohlempfinden verantwortlich ist.

Wenn Gefühle krank machen

Der von der Medizin angestrebte »Idealzustand Gesundheit« ist ein fiktives Modell und konnte bisher bei nur sehr wenigen Erdenbürgern beobachtet werden.

Wir sollten uns damit abfinden, daß sich der Mensch während seines Lebens allenfalls manchmal diesem Zustand nähert, ihn aber nie vollständig erreicht. Körper und Seele bleiben bis zum Tod ständigen Belastungen ausgesetzt, die eine Abweichung von dieser utopischen Interpretation der Gesundheit bedeuten. Es ist eine Illusion, wenn man glaubt, im Körper einen keim- und giftfreien Raum schaffen zu können, da Erreger und Viren ein normaler Bestandteil unserer Umwelt sind. Die Auseinandersetzung mit diesen Erregern geschieht jeden Tag in unserem Körper, es ist nur eine Frage der seelischen Disposition, inwieweit sich die Konfrontation mit diesen »Feinden« zu einem Krankheitssymptom ausweitet. Diese seelische Disposition ist es auch, die die natürlichen Abwehrfunktionen unseres Körpers steuert, das heißt die Belastungsfähigkeit des Körpers bestimmt.

Jeder äußere und innere »Aggressor«, sei es der Virus, das Bakterium, das Gift, aber auch die blutende Wunde und der seelische Konflikt, bekommt es zunächst einmal mit unserem Nerven- und Hormonsystem zu tun.

Als oberste Instanz unseres Verteidigungssystems steuert die Hypophyse sämtliche Abwehrmaßnahmen, die zu treffen sind. Der Witz bei der Sache ist, daß uns nicht etwa das Bakterium oder der Messerstich selbst Schmerz zufügen, sondern erst die körperliche Reaktion, der vom Mensch initiierte Kampf. Bei einer Infektion beispielsweise veranlaßt die Hypophyse blitzschnell, daß über andere Drüsen Abwehrstoffe, weiße Blutkörperchen und Freßzellen bereitgestellt werden. Gleichzeitig, damit die Produktion derselben ein bißchen flotter geht, werden sämtliche Stoffwechselvorgänge beschleunigt, und das funktioniert nur, wenn im Körper eine schnellere Verbrennung stattfindet. Und je schneller der Körper Rohstoffe verbrennt und Abwehrstoffe bereitstellt, desto schneller steigt die Temperatur im Körper an; die Folge: Fieber. Jenes »Symptom« also, daß uns zu Kopf- und Gliederschmerzen, zu Halsweh und Schweißausbrüchen veranlaßt, ist nichts anderes als hausgemachter Kampf »made by Hormonen«.

Alle Krankheitsgefühle also, die uns manchmal lähmen und ans Bett fesseln, kommen nicht durch den Erreger (man ging früher davon aus, daß Fieber durch giftige Zerfallsprodukte toter Bakterien und Viren verursacht werde), sondern werden durch Hormone ausgelöst. Der Körper ist tatsächlich im Streß – Dr. Seley nannte jegliche Auslöser für eine körperliche Belastung »Stressor«, also »Belaster«.

Seelische Belaster bewirken genauso wie Infektionen eine erhöhte Aktivität der Hormone und der damit verbundenen körperlichen Funktionen. In einer Prüfung beispielsweise, erhöht sich kurzfristig die Gehirndurchblutung und damit die geistige Verarbeitungskapazität. Der Sympathikus ist aufs höchste erregt, wir stehen förmlich »unter Strom«. Dieser Strom läßt sich sogar messen. In jedem Nerv herrscht, genau wie in den Muskeln, ein elektrischer Erregungszustand, der sogenannte Tonus. Diesen kann man mit Hilfe eines Elektroenzephalogramms (EEG) messen. Der in Streß- und Gefahrensituationen steigende Tonus bewirkt, daß wir ungeheure Energiereserven kurzzeitig freisetzen, ohne die wir Belastungen nie standhalten könnten. Lampenfieber ist nichts anderes als nervliche »Hochspannung«.

Nach der Prüfung, dem erlegten Tiger oder der gelungenen Vollbremsung reguliert der Parasympathikus den erhöhten Erregungszustand wieder, die hormonelle Adrenalinzufuhr wird eingestellt und dem ganzen Menschen »fällt ein Stein vom Herzen«.

Gefährlich wird es erst dann, wenn eine psychische Dauerbelastung, wie sie in unseren Tagen immer häufiger wird, den hohen Erregungszustand des sympathischen Systems nicht mehr zur Ruhe kommen läßt. Ständiger Streß kann vom Parasympathikus nicht mehr ausgeglichen werden, das Gleichgewicht bleibt in einer Richtung verschoben. Es dauert natürlich seine Zeit, bis die Anpassungsfähigkeit dieses von der Natur so phantastisch ausgeklügelten Systems erschöpft ist, keiner fällt so schnell um, wenn er zwei, drei Tage lang »total im Streß« ist. Tritt jedoch nicht anschließend eine Regenerationsphase ein bzw. der Mensch auf die Bremse, wird die Sache langsam brenzlig. Jede größere Abweichung von der Norm führt im Laufe der Zeit zu ernsten funktionellen Störungen des Systems und weiter zu organischen Veränderungen. Leider werden diese Abweichungen in den meisten Fällen verdrängt, als »Nervosität« oder gar als »gesteigerte Aktivität« zur Seite geschoben. Aus einer solchen scheinbar harmlosen Tonuserhöhung wird relativ schnell eine gar nicht mehr harmlose psychisch-organische Störung.

Wenn Sie sich in Ihrem Bekanntenkreis umsehen, so wird wahrscheinlich jeder den typischen Vertreter der folgenden Symptomatik kennen: reizbar, ungeduldig, fahrig, hektisch und schon bei geringsten Anlässen aufbrausend. In den meisten Fällen sind diese Menschen ungemein ehrgeizig, erfolgsorientiert und betriebsam. Sie gönnen sich fast nie eine Minute Ruhe, aus Angst, irgend etwas nicht mehr erledigen zu können. Der Beruf geht Ihnen über alles. Zu leiden haben die Mitmenschen, das Familienleben und vor allem die Gesundheit der Betroffenen. Das Nicht-abschalten-Können äußert sich in einem gestörten Wach-Schlaf-Rhythmus, in Verdauungsproblemen und massiven Bluthochdruck – alles Ursachen eines auf Dauer unausgeglichenen vegetativen Tonus. Diese ersten Krankheitssymptome machen dem Betroffenen angst, aber paradoxerweise hat er keine Angst um die Gesundheit, sondern vor einem Nachlassen der beruflichen Leistungskapazität. Wenn diese Menschen nicht ihre Grundeinstellung zu Gesundheit und Leben schleunigst ändern – die Symptomatik wird sinnigerweise auch als Managerkrankheit bezeichnet –, wird sie eine massive Organerkrankung oder gar ein Herzinfarkt automatisch zur Ruhe zwingen.

Ein anderes Krankheitsbild hat ähnliche Ursachen wie die »Managerkrankheit«: die vegetative Dystonie, was soviel heißt wie »Verkrampfung des vegetativen Systems«. Auch hier ist die Belastung der beiden Hauptnerven nahezu ausgeschöpft; sie verkrampfen und werden unelastisch. Vielfach genügen geringste Anstrengungen, um den Betroffenen lustlos, schlapp, müde und ohne Energie gleich nach dem Aufstehen wieder ins Bett zu werfen. Hinzu kommt ein schlechter Schlaf, schlechter Appetit und eine abnehmende Leistungsfähigkeit in jeder Hinsicht. »Eigentlich liegt kein organischer Befund vor«, wie die Ärzte, schlau wie sie sind, dem Patienten zu verstehen geben: »Ihnen fehlt überhaupt nichts«.

Die Folge davon ist, daß sich der Patient oft wie ein eingebildeter Kranker vorkommt, ein Hypochonder, der sich Krankheiten nur ausdenkt, um wichtig genommen zu werden. Aber abgesehen davon, daß auch Hypochondrie eine ernstzunehmende Krankheit darstellt, meinen die »Dystoniker« ihre Krankheitssymptome überspielen zu müssen, die ja laut fachärztlicher Aussage gar keine sind. Gerade diese Patienten sollten sich ihre Lustlosigkeit nicht überspielen, denn jeder ist so gesund, wie er sich fühlt, und auch wenn das Herz oder der Magen noch nicht angegriffen sind, ist das lange kein Argument dafür, es soweit kommen zu lassen.

Sie haben gesehen, wie sehr das Nerven- und das Hormonsystem beim Funktionieren lebenswichtiger Vorgänge ineinandergreifen. Reizt man die Belastbarkeit seiner Nerven, so rächt sich das auf die verschiedensten Weisen. Ihr Körper gibt Ihnen über vielerlei Symptome zu erkennen, wo es bei Ihnen in der Psyche hakt, nehmen Sie diese Signale ernst, und provozieren Sie nicht über symptomverschiebende Mittelchen eine Verschlimmerung. Mit Hypnose läßt sich das vegetative Nervensystem auch dann noch auf Ruhe umprogrammieren, wenn Ihr Körper Ihnen eigentlich einen zweiwöchigen Urlaub verschreiben will. So wie das Nervensystem jeden Punkt unseres Körpers erreicht, so kann das Nervensystem über Umschaltung in Hypnose auch jeden erschöpften Schwachpunkt wieder regenerieren. Gezielte Ruhephasen, die in

Hypnose wesentlich effizienter sind als der erholsamste Tiefschlaf, können Ihren Organismus schnell wieder auf die Beine bringen, wenn Sie schlapp und müde sind. Räumen Sie sich jeden Tag einen gewissen Freiraum ein, in dem Sie sich konsequent ein Stück Erholung gönnen – Ihr Körper wird es Ihnen danken.

Psychosomatik

Heute ist bekannt, daß achtzig Prozent aller Krankheiten psychogener Natur sind. Doch auch hier hinkt die moderne Medizin den Altvorderen der Heilkunst mächtig hinterher, ist aber andererseits stolz wie Oskar, uralte, bekannte Erkenntnisse posthum wissenschaftlich legitimieren zu können. Chinesen, Ägypter, Römer und Griechen – alle wußten sie um die Tatsache, daß das Wohlbefinden des Körpers untrennbar mit einer harmonischen Seelenlage zusammenhängt, und sogar noch an der Schwelle zur Neuzeit bemerkte Martin Luther:

»Schwere Gedanken machen krank, wenn die Seele niedergedrückt ist, ist es auch der Körper.«

Bleibt hinzuzufügen, daß nicht nur die Seele den Körper beeinflußt, sondern umgekehrt, auch der Körper die Seele. Psychosomatik ist ein Regelkreis, ein geschlossenes System, in dem der Druck auf ein Teil des Systems, den gleichzeitigen Druck auf den anderen Teil zur Folge hat. Kommt ein Mensch mit einer schwerwiegenden Mißbildung zur Welt, so wird seine Psyche natürlich ebenfalls in Mitleidenschaft gezogen, da seine Behinderung eine Reihe sozialer und gesellschaftlicher Nachteile mit sich bringt. Diese Menschen müssen sehr gezielt ihr Selbstbewußtsein stärken, wenn sie nicht zur Zielscheibe klammheimlichen Spottes werden wollen (dies trifft vor allem bei Kindern zu, die mit ihrem Verhalten gegenüber Mißbildungen wie einer Hasenscharte sehr offen und brutal sein können).

Doch was sind das für Krankheiten, wo zieht man die Trennlinie zwischen reinen organischen Erkrankungen und psychosomatischen? Die Antwort ist einfach: Es gibt keine. Die Ursprünge späterer Organ-, Gewebs- oder Knochenschädigungen lassen sich nie genau bestimmen, oft werden relativ harmlose Krankheiten über Jahre verschleppt, die dann mit der Zeit chronisch werden und von medizinischer Sicht aus nur sehr schwer zu heilen sind. Auch bei Krebspatienten wurde eine starke emotionale Belastung vor dem diagnostischen Erkennen der Krankheit registriert, was jedoch nicht heißen soll, daß die psychischen Umstände die einzigen Gründe für den Ausbruch der lebensbedrohenden Wucherungen sind – auch da tappt unsere Medizin noch relativ hilflos im dunkeln.

Auch wenn es zunächst absurd klingen mag, sogar unsere ganz alltäglichen Unfälle, wie zum Beispiel das In-den-Finger-Schneiden beim Kartoffelschälen haben ein emotionales Ungleichgewicht zur Ursache. Sie haben sich zuvor über irgend etwas geärgert, sind nervös oder wütend, reagieren gereizt und impulsiv. Genauso impulsiv und mit den Gedanken ganz woanders wird nun die arme Kartoffel aufs übelste malträtiert. Im Eifer des Gefechtes rutscht dann schon mal das Messer aus und in den Finger. Wenn Sie sich jetzt noch klarmachen, warum so viel wertvolles Blut fließen mußte, dann werden Sie das nächste Mal eher Ihre Aggression vor dem Griff zum »tückischen« Messer abbauen. Verfolgt man diesen Gedanken konsequent weiter, dann lassen sich auch – und jeder Verkehrspsychologe wird mir recht geben – eine hohe Quote an Verkehrsunfällen dadurch erklären, daß der Unfallverursacher entweder seine Aggression auf der Straße ausleben muß oder wegen diverser emotionaler Probleme seine Konzentration und damit seine Beherrschung über den Wagen verliert. Ein Blick auf die gegenwärtige Unfallstatistik in den fünf neuen Bundesländern erklärt dabei vieles.

Erstaunlich ist auch, wie lange der einzelne Mensch sich selber noch als gesund bezeichnet oder als gesund eingestuft wird. Dabei ist nicht etwa die persönliche Meinung gefragt, sondern vielmehr das fachärztliche Urteil über die Belastbarkeit eines Arbeitnehmers. Es verwundert, wie krank der Mensch tatsächlich ist, dem nach äußerlichen Urteilen gar nichts fehlt. Es fehlt allerdings an allen Ecken und Enden. In Bräutigams *Lehrbuch für psychosomatische Medizin* wurden die Beschwerden von 200 »gesunden« Angestellten statistisch ausgewertet:

Verstimmungen	43,5 %
Magenbeschwerden	37,5 %
Angstzustände	26,5 %
häufige Halsentzündungen	22,0 %
Schwindel, Ohnmacht	17,5 %
Schlaflosigkeit	17,5 %
Dysmennorrhö	15,0 %

Obstipation	14,5%
Schweißausbrüche	14,0%
Herzschmerzen, Herzklopfen	13,0%
Kopfschmerzen	13,0%
Ekzeme	9,0%
Globusgefühl	5,5%
rheumatische Beschwerden	5,5%

Oft werden die oben gezeigten Krankheiten gar nicht als solche erkannt und mehr oder weniger als schlechte Tagesform abgewertet, wobei gerade die aufgezählten Krankheiten mit zunehmendem Desinteresse sehr schnell zu dauerhaften chronischen Erkrankungen führen.

Bei folgenden Erkrankungen ist die psychische Komponente einwandfrei nachgewiesen, auch wenn die Liste wahrscheinlich nie vollständig sein könnte: viele Erkrankungen der Atemwege, Asthma, Heuschnupfen, Bronchitis, Tuberkulose, Stirnhöhlenvereiterung, Emphyseme. Auch unsere stinknormale Erkältung hat emotionale Ursachen. Denken Sie nur einmal daran, wie Sie sich fühlen, wenn »Sie die Nase wieder einmal gestrichen voll haben«, »Sie etwas nicht schlucken wollen« oder »Sie jemanden etwas husten möchten«. In den meisten Fällen geht es einem in diesen Fällen schon so miserabel, daß »man am liebsten die Decke über den Kopf ziehen möchte«. Bei vielen Atemwegserkrankungen spielen außer der Psyche auch Allergien eine große Rolle, doch wäre es ein Fehler, Allergien isoliert zu betrachten, denn auch sie sind oft psychogenen Ursprungs.

Auf der Verdauungsebene kommen Magengeschwüre, Kolitis, Verstopfung, Appetitlosigkeit, Fettleibigkeit sowie häufige Übelkeit vor. Auch die Übelkeit während der Schwangerschaft ist psychogenen Ursprungs. Außerdem können viele Frauenkrankheiten hier eingeordnet werden: Menstruationsbeschwerden, besonders Krämpfe, Unfruchtbarkeit, Frigidität und Fehlgeburten. Bei den Männern sind auf sexuellem Gebiet Impotenz, vorzeitige Samenentleerung und Sterilität fast ausnahmslos psychogenen Ursprungs. Ich möchte darauf gleich noch näher eingehen.

Für viele Menschen noch immer ein Tabuthema höchsten Grades: Bettnässen und häufiges nervös bedingtes Urinieren. Auch hier spielt die Psyche bei der Entstehung eine entscheidende Rolle.

Psychosomatisch bedingte Knochen- und Muskelleiden sind Muskelkrampf, Rückenschmerzen, Bandscheibenverschiebung, Ischias, Schleimbeutelentzündungen, Arthritis, Schiefhals (Tortikollis) und Kopfschmerzen, einschließlich der Migräne. Außerdem sind Diabetes, Neuralgie, nervöse Anspannung, Muskelzucken sowie eine Reihe von Herzleiden zu nennen.

Es ist an dieser Stelle nicht der Platz, um auf jede einzelne Symptomatik näher einzugehen. Das ist auch nicht nötig, denn über die psychosomatischen Wechselbeziehungen der oben genannten Krankheiten ist sicherlich an anderer Stelle genug geschrieben worden.

Auch wäre es gefährlich, über jede einzelne Krankheit detailliert Auskunft geben zu wollen, denn das ist schlechthin unmöglich. Jede Erkrankung ist individuell und tritt somit auch in ihrer individuellen Form bei jedem Menschen anders auf. Keine Erkältung ist gleich der des Arbeitskollegen. Bei dem einen äußert sie sich mit erhöhtem Hustenreiz und anschließendem Schleimauswurf, beim nächsten wird die Erkältung zur einwöchigen Nies- und Schnupfenorgie. Die Symptome sind zwar in ihrer Ausprägung ähnlich, besitzen aber je nach individueller Veranlagung andere Qualitäten.

Es wäre demnach vermessen, pauschalierende Erklärungen über die Entstehung einer Krankheit zu geben. Dafür müßte die gesamte Krankengeschichte, Besonderheiten der Symptomatik, das familiäre und soziale Umfeld sowie die Reaktion auf vorangegangene Therapieansätze mit einbezogen werden. Ein vereinfachtes aber recht anschauliches Beispiel bietet dafür immer unser heißgeliebtes Spielzeug Nummer eins: das Auto. Angenommen der Mechaniker stellt die Diagnose: Auspuff durchgerostet – muß ersetzt werden. Um diesen Schaden nun aber effektiv zu beheben, müssen außer der Tatsache, daß genau der richtige Auspuff beschafft werden muß, noch das Modell, das Alter des Fahrzeugs und die Leistungsklasse bekannt sein. Außerdem sind eventuell spezielle Anschlußstücke, Dichtungen und die entsprechenden Befestigungsklemmen zu bestellen. Erst dann kann eine Reparatur dauerhaft sein.

Der Defekt in der Seele

Nicht jeder seelische Konflikt muß sich sofort als körperlich nachweisbares Symptom niederschlagen. Jeder weiß, wie schmerzhaft beispielsweise Liebeskummer sein kann oder wie belastend sich familiäre oder berufliche Sorgen auf die Psyche auswirken. Wie gerne würden wir manchmal Traurigkeit und Schmerz gegen eine offene Platzwunde eintauschen – bei der wüßte man wenigstens, daß sie von selbst verheilt. Im Normalfall regeln sich solche Krisen jedoch von selbst; ein bis zwei schlaflose Nächte sind noch lange kein Grund zur Panik. Trotzdem darf man auch hier nicht den Dotter vom Eiweiß trennen wollen (im Dotter ist übrigens mehr Eiweiß als im eigentlichen Eiweiß). Der psychische Krankheitszustand ist nicht ungefährlicher, nur weil eben gerade mal kein Blut fließt oder wie Dethlefsen treffend formuliert:

»Die Tränen eines depressiven Patienten sind nicht ›psychischer‹ als Eiter oder Durchfall.«

Wie an anderer Stelle schon erwähnt, spielt in diesen Fällen die Angst eine große Rolle. Angst vor dem Verlust des Lebenspartners, vor dem Arbeitsplatz und so weiter. Die Angst ist es dann aber auch, die uns zur Bewältigung dieser seelischen Tieftäler wieder animiert und anstachelt, denn kein Mensch hält solche Situationen auf Dauer aus.

Eine andere Dimension erreicht die Angst, wenn sie sich so tief in unserer Seele eingepflanzt hat – sei es durch die Erziehung, ein traumatisches Erlebnis oder ein angeborenes körperliches Gebrechen – so daß sich daraus Verhaltensweisen und Charaktereigenschaften entwickeln, die unser Leben in jeder Hinsicht negativ beeinträchtigen. Im Extremfall können sich solche verschleppten Ängste in schwerwiegenden Neurosen, Phobien oder Psychosen äußern. Zu diesen rein psychischen Zuständen sind auch die krankhafte Geltungssucht, die übertriebene Eifersucht sowie jede Art von Drogensucht zu zählen. Auch die Fett- und Magersucht sind Formen einer Neurose, die sich dann natürlich schon wieder auf der Körperebene sichtbar machen. Auch die Platzangst, also die Angst, einen freien Platz zu überqueren (das Gegenteil davon ist die Klaustrophobie oder auch Raumangst), kann so weit führen, daß der seelische Alpdruck den Körper zusammenbrechen läßt.

Ein weiteres schwieriges Problem unserer Zeit sind Minderwertigkeitskomplexe und Hemmungen, obwohl auch hier der Grundtenor jeder seelischen Erkrankung, die Angst, ertönt.

Herr Franz, ein ehemaliger DDR-Bürger kam wegen unsagbar schweren Minderwertigkeitskomplexen in meine Praxis. Er traute sich nicht mehr zu, der geringsten Anforderung gerecht zu werden. Selbst beim Gang zum Supermarkt hatte er Angst, daß sich jemand hinter seinem Rücken über ihn lustig mache oder ihm vielleicht etwas hinfalle. Dabei hatte er sich wegen seiner äußeren Erscheinung bestimmt nichts vorzuwerfen, im Gegenteil, er sah mit fünfzig Jahren noch ausgesprochen attraktiv aus.

In der DDR arbeitete Herr Franz als Fahrzeugmechaniker in einem großen Kombinat. Nach dem Fall der Mauer zog es ihn zu einem entsprechenden Arbeitsplatz in den Westen. Er fand auch in kürzester

Zeit trotz seines Alters einen Job, in dem er aber wesentlich mehr leisten und können mußte, als er es sich vorgestellt hatte. Die Ressentiments und von Vorurteilen überladenen Kommentare seiner westlichen Kollegen ließen nicht lange auf sich warten und setzten ihm sehr zu. Herr Franz, auch vor der Wiedervereinigung ein Perfektionist, der es jedem gern recht machte, versuchte durch Mehrarbeit und Fleiß, die Kluft zwischen erwarteter und vollbrachter Leistung zu schließen, aber vergebens. Immer wieder kam es zu Mißgeschicken, kurzum, Herr Franz wurde nach drei Monaten wieder entlassen.

Hinzu kam, daß sich in dieser Zeit seine Frau von ihm trennte, weil sie die andauernde Resignation ihres Mannes nicht mehr mit ansehen konnte. Das war natürlich Öl in das verzehrende Seelenfeuer des Herrn Franz und Grund genug, immer öfter zur Flasche zu greifen.

Nach zehn Hypnosesitzungen konnte Herr Franz mit aufgebautem Selbstvertrauen die Therapie beenden. Seine massiven Selbstzweifel hatten sich aufgelöst. Die Energie, mit der er sich vorher in seinen Minderwertigkeitskomplex immer weiter verstrickt hatte, konnte er nun nutzen, um sein Leben mit neuen, positiven Inhalten zu füllen. Vor kurzem schrieb er mir auf einer Ansichtskarte, daß er in seinem neuen, weniger anspruchsvollen Job sehr glücklich sei.

Grundbasis für die Behandlung psychischer Angst ist in der Hypnosetherapie immer die totale körperlich-seelische Ruhigstellung. Dem Unterbewußtsein, aus dem die pathologische Angst ihre Nahrung bezieht, wird nun mit angstlösenden Suggestionen Sicherheit und Selbstbewußtsein suggeriert – für die Patienten eine Erlösung.

Doch damit ist natürlich nur der erste Schritt getan. Mit Hypnoanalyse oder Regression versucht der Therapeut nun, den Patienten von seinen verdrängten, nicht gelebten alten Ängsten zu erlösen. Dieser Prozeß des Selbsterkennens ist wie jeder Akt der Selbsterkenntnis überaus schmerzhaft, doch auch nur deswegen, weil man plötzlich erkennen muß, wieviel seelische Lebensqualität durch die verdrängte Angst über Jahre verlorenging.

Sexualität und Hypnose

Ich möchte auf den Aspekt der Sexualität deshalb konkreter eingehen, weil es eine sehr enge Abhängigkeit zwischen sexuellen und psychischen Faktoren gibt. Nicht nur deshalb, weil auch hier die Hypophyse bei der Entwicklung der Keimdrüsen und der Ausschüttung männlicher und weiblicher Hormone die entscheidende Rolle spielt, sondern auch aufgrund der Tatsache, daß es direkte Nervenbahnen zwischen Geschlechtsbereich und Großhirnrinde gibt. Allerdings gibt es bei der Umsetzung seelischer Empfindungen auf die körperlich-sexuelle Ebene eine Vielzahl konventioneller Blockaden, deren Überwindung gelernt sein will.

Alles, was bei uns unter die körperliche Gürtellinie geht, bewirkt auch im Kopf eine emotionale Sperre. Es gibt so etwas wie eine psychische Sexualschwelle, deren Höhe seit jeher von den jeweils geltenden gesellschaftllichen und familiären Moralvorstellungen bestimmt wurde. Auch nach den wilden Siebzigern, in denen die freie Liebe propagiert und auch genutzt wurde, hat sich da in unseren Köpfen und Unterkörpern noch nicht allzu viel getan. Natürlich, heute weiß jeder, daß auch Frauen Orgasmen haben, und daß Onanie nicht schwachsinnig macht (wie jahrhundertelang angenommen), aber trotzdem umweht das Gespenst des Verruchten die Sexualität nach wie vor. Wir sind der natürlichen Sexualität, so wie sie eigentlich gehandhabt werden sollte, zwar ein großes Stück entgegengekommen, erreicht aber haben wir sie noch lange nicht.

Die siebziger Jahre haben eine Unmenge sexueller Tabus gebrochen, sie haben wilde, ungezähmte Pferde von ihren Fesseln befreit und laufengelassen, doch wir sollten langsam, aber sicher zusehen, diese Wildpferde wieder einzufangen und darauf reiten zu lernen.

Es gibt ein gewaltiges Feld, auf dem mit Sexualität in menschenverachtender Weise umgegangen wird: Kinder und Jugendliche werden selbst von führenden Vertretern unserer ach so zivilisierten Gesellschaft gekauft und mißbraucht, Pornographie treibt immer perversere Blüten, Vergewaltigungen sind nach wie vor an der Tagesordnung und Frauen dienen nach wie vor als Sexualobjekt, das es in der ein oder anderen Wcise zu kaufen gibt – entweder in jeder x-beliebigen Illustrierten oder im nächsten Rotlichtviertel. Männer sind in Sachen Vermarktung ihres Körpers stark zurückgeblieben.

Selbst in der Literatur wird vor dem Brechen der letzten sexuellen Schranken nicht haltgemacht. Der Klagenfurter Literaturpreis ging gerade in diesem Jahr an den Schweizer Schriftsteller Urs Allemann. Der Titel des preisgekrönten Werkes: *Ich ficke Babys*. Ob da natürlich tatsächlich ein preiswürdiges Buch ausgezeichnet wurde, bleibt dahingestellt.

Genauso frei wie in der Öffentlichkeit mit der Sexualität umgesprungen wird, so unfrei sind Männlein wie Weiblein im Umgehen mit ihren persönlichen sexuellen Problemen. Keinem fällt es besonders schwer, über die Schwächen seines angegriffenen Herzens oder Magens zu reden. Doch wer gibt vor seinem Arbeitskollegen oder Geschäftspartner offen und ehrlich seine Impotenz oder Frigidität zu? Jede Krankheit, die das Sexualleben tangiert, gilt noch immer nicht nur als körperlicher Makel, sondern wertet (vor allem bei Männern) den Menschen in seiner Ganzheit radikal ab. Der Stellenwert, den Sexualität in unserem Dasein einnimmt, ist enorm, und so ist es nicht verwunderlich, wenn die persönliche leidige Not, die man mit der Welt des Eros hat, oft zum Fixpunkt des Lebens wird. Statistiken haben ergeben, daß unbefriedigender Sex bei einem Ehepaar vier Fünftel des Konfliktpotentials ausmacht, bei denen, wo's klappt, nimmt Sex nur zwanzig Prozent im Privatleben ein.

Impotenz und Frigidität sind dabei die beiden Ehekiller Nummer eins, und nur allzuoft endet die Unfähigkeit der körperlichen Liebe in schlimmen Neurosen, Fehlhaltungen und nicht selten sogar im Selbstmord. Beim Mann ist mit Impotenz die Unfähigkeit zum Geschlechtsverkehr gemeint, das heißt er ist keiner sexuellen Regung mehr fähig, oder er kommt nicht zum Samenerguß; somit wurde Impotenz früher auch mit Mannesschwäche übersetzt.

Frigidität bedeutet soviel wie Geschlechtskälte. Im schlimmsten Fall geht die Frigidität so weit, daß während des Liebesaktes überhaupt keine Empfindungen entstehen, keine Lustgefühle, ohne die natürlich jeder Orgasmus ein Traum bleibt.

Oft bezieht sich die Impotenz oder die Frigidität nur auf einen Partner, bei einem anderen gibt es überhaupt keine Schwierigkeiten. Viele Männer besuchen nicht etwa deshalb Prostituierte, weil ihnen einfach mal der Reiz des Verbotenen und der Abwechslung in der Nase steckt, sondern weil daheim »nichts mehr läuft«. Andererseits kann der klammheimliche Gang zum Freudenhaus für den einen oder anderen sehr schnell in die Hose gehen, denn sehr oft blockieren gerade in solchen »verbotenen« Momenten Schuldgefühle die männliche Fleischeslust. Damit grenzt sich diese Art der Impotenz natürlich gewaltig ein. Die psychogene Ursache, denn nichts anderes kann es sein, muß im Verhältnis der Ehepartner gesucht werden.

Auch die Frigidität bezieht sich oft nur auf den körperlichen Akt mit einem Mann. Masturbieren die entsprechenden Frauen, so tauen sie förmlich auf, und dem Höhepunkt steht nichts mehr im Wege. Sicherlich gehört zur psychisch entstandenen Liebesunfähigkeit eine seelische Disposition; der oder die Betroffene sind zumeist sehr labile Persönlichkeiten, bei denen der entsprechende äußere Umstand fatale Folgen hat.

Die vordergründigsten Ursachen sind natürlich im falschen »Umgangston bei der Liebe« zu finden. Wird der Partner nur ausgenützt oder sogar zu ungewollten Praktiken gezwungen, so kühlt natürlich die Lust auf die Lust gehörig ab. In diesen Fällen ist natürlich meist das schwache Geschlecht betroffen. Oft fehlt den Frauen der Mut, sich den Wünschen ihres Partners zu widersetzen oder ihm klarzumachen, daß er doch nicht nur an sich denken sollte. Dies passiert insbesondere jungen Mädchen, die ihre ersten Erfahrungen suchen und sich dabei von netten »Liebhabern« im wahrsten Sinne des Wortes aufs Kreuz legen lassen. Dabei prägen diese ersten Erlebnisse, die bei jungen Menschen einen enormen Stellenwert besitzen (der Verlust der Jungfräulichkeit bedeutet in diesem Alter oft den größten Einschnitt in die bisherige Welt; der dumme Ausspruch: »Heute bin ich zur Frau gemacht worden«, ist auch in unseren Tagen noch gang und gäbe), das weitere Liebesleben immens.

Nicht selten kommen junge Frauen zu mir, deren Orgasmusunfähigkeit wie ein schwarzes Tuch über ihrer Ehe hängt. Sie geben sich immer im ehelichen Bett außerordentlich Mühe (ihr Partner eigentlich auch), aber die körperliche Erregung erreicht immer nur einen gewissen Punkt – nie aber den höchsten. Mit Regression und Hypnoanalyse kommt man eigentlich immer sehr schnell auf des Rätsels Lösung. Zum einen liegt die Ursache in der falschen Erziehung. Vor ein paar Jahren war dieser Grund weit häufiger, aber mit der überdimensionierten Aufklärung, die die Jugendlichen in unseren Tagen beinahe erschlägt und sogar zu teilweise verfrühten Sexerlebnissen provoziert (auch ein Leistungsdruck unserer Gesellschaft: »Wer mit sechzehn Jahren noch Jungfrau ist, mit dem kann ja irgend etwas nicht stimmen!«), nimmt die Erziehung in Sachen Aufklärung nicht mehr den Stellenwert ein, den sie mal hatte.

Die jungen Frauen stammen meist aus erzkatholischen, strengen Familien, in denen Sexualität immer den Beigeschmack des Unanständigen, Teuflischen und Primitiven hat. Die unverändert konservative Einstellung der Herren im Vatikan, die auch im Angesicht der immer stärker wachsenden Weltbevölkerung keine Einsicht zeitigen und die Verhütung radikal ablehnen, ist da natürlich nur Öl im Feuer der Moralisten. Geschlechtsverkehr ist allenfalls zur Fortpflanzung gedacht, aus basta!

So wird jede natürliche Lust schon in frühesten Jahren im Keim erstickt. Hierbei sei angemerkt, daß Lust bestimmt nicht die Herausforderung des Teufels darstellt, die es zu besiegen gilt, sondern vielmehr ein urgesunder Trieb ist, mit dem jede seelische Anspannung auf eine wunderbare Art und Weise gelöst wird. Man kann einen Orgasmus mit einem Gewitter vergleichen, bei dem gleichfalls die atmosphärischen Differenzen nach der Entladung (Blitz und Donner) ausgeglichen werden. Die Spannungsunterschiede im vegetativen Nervensystem suchen sich auf gleiche Weise ihren Ausgleich – in der Lust, in der Sexualität und schließlich im Orgasmus.

Es gibt übrigens keine einzige Bibelstelle, in der sich Jesus gegen Sexualität ausgesprochen hat, das tat nur ein gewisser Apostel namens Paulus, der wahrscheinlich seine eigenen Probleme damit hatte.

Die zweite, weit schrecklichere Hauptursache für Frigidität liegt in einer Tatsache, vor der viele gern die Augen verschließen: Vergewaltigung und Nötigung schon in jungen Jahren. Die psychischen Schäden, die bei jungen Mädchen oft ihr ganz natürliches Verhältnis zur Sexualität zerstören und sich dadurch im wahrhaftigen Sinne keinem Mann mehr öffnen können (Vaginismus, also das schmerzhafte Verkrampfen der Scheideneingangsmuskulatur, ist eine nicht selten zu beobachtende Begleiterscheinung der Frigidität und vor allem ihr stärkster körperlicher Ausdruck).

Es ist immer wieder schockierend, wie viele junge Frauen mit diesem Schicksal jahrelang allein gelassen werden. Vergewaltigungen von Zehnjährigen durch nahe Verwandte oder Bekannte sind durchaus nichts Seltenes; selbst der eigene Vater ist in vielen Fällen der Schuldtragende. Das Grundschema ist meistens das gleiche. Die Tochter wird vom »lieben Onkel«, den sie tatsächlich sehr gern hat, gebeten, »zärtlich zu ihm zu sein«. Diese Zärtlichkeiten reichen von Streicheln bis hin zu Geschlechtsverkehr oder der Befriedigung der eigenartigsten Wünsche. Anschließend wird das Mädchen gewarnt, auf keinen Fall irgend jemandem, auch Mama nicht, etwas darüber zu erzählen. Diese Drohung verfehlt fast nie ihre Wirkung. Aus Angst vor Unglauben und Unverständnis leiden die Mädchen oft jahrelang unter den Drangsalierungen; es entstehen zu der betreffenden Person unwahrscheinlich zwiespältige Gefühle. Der Vater wird auf der einen Seite als Vater geliebt, respektiert und verehrt, auf der anderen Seite als Mann und »Liebhaber« gehaßt. Daß von diesen Gefühlen viel auf andere, spätere Männer übertragen wird, ist leicht verständlich.

Unter Hypnose lassen sich diese traumatischen Erlebnisse nach und nach aufdröseln wie ein festgezurrter Knoten. Es ist ein oft sehr schmerzhafter Prozeß, in vielen Fällen war ich die erste Person, die von diesen schrecklichen Jugenderfahrungen zu hören bekam. Wegen dieser verdrängten Vergewaltigungen sind in meiner Praxis mehr Tränen geflossen als bei jeder anderen Indikation. Ich empfehle jeder Frau, die ähnliche Erfahrungen gemacht hat und auch meint, mittlerweile über dem Erlebten zu stehen, zu einer Gesprächstherapie, denn wie gesagt, sie stehen allenfalls darüber – über Verdrängtem.

Die Impotenz beim Mann hat ebenfalls die verschiedensten Ursachen. Erstaunlich ist zunächst einmal, daß, fundierten Schätzungen zufolge, ein Drittel aller Männer teilweise oder ganz impotent sind (bei den Frauen sieht es sogar noch schlimmer aus – ungefähr vierzig Prozent leiden unter partieller oder totaler Frigidität). Viele Forscher suchen dieses Phänomen mit der zunehmenden Umweltbelastung zu erklären, doch haben andere Untersuchungen ergeben, daß nur bei einem Prozent der Betroffenen tatsächlich ein organischer Befund vorliegt. Die Ursachen sind also beinahe immer psychisch, der anscheinende organische Fehler nur eine funktionelle Irritation, unter der die gesamte Persönlichkeit in vielen Fällen deformiert wird. Man erkennt die Seelenlage der Betroffenen schon allein an ihrer Grundhaltung. Es sind im allgemeinen stille Menschen, die nicht gerne über ihre

Probleme sprechen, herumdrucksen und bei denen jeder Kommunikationsversuch zur Arbeit wird.

Das Sexualleben ist immer ein Spiegel, in dem der Mensch seine wahre Natur, seine Probleme, seine Beziehung zur Liebe, zum Leben und insbesondere zur Partnerschaft wiederentdeckt. Leidenschaft und Sexualität ist der emotionale Zustand, der am körperlichsten und damit am be-greif-barsten wird. Hier müssen wir erbarmungslos erkennen, wo es bei uns hakt. Hier wird am intensivsten ein Kontakt zwischen Menschen hergestellt, Kommunikation mit allen Sinnen und dem ganzen Körper. Man steckt nicht nur unter einer Decke, sondern gewissermaßen ineinander. Demzufolge muß es auch das höchste Bestreben der Sexualität sein, miteinander und nicht gegeneinander zu lieben; der gemeinsam erlebte Höhepunkt ist vom Soloorgasmus so weit entfernt wie der Feldberg vom Mount Everest. Beim Sex, und damit ist nicht das Abreagieren der eigenen Triebe am anderen, sondern ein gemeinsames Erleben höchster emotionalen Qualitäten mit Zärtlichkeit, Streicheln etc. gemeint, zeigt sich die Liebesfähigkeit und das konkrete Umgehen mit Partnerschaft.

Henry G. Tietze meint in seinem Buch *Hypnose – ihre Möglichkeiten und Grenzen* dazu:

»Neben der Angst vor dem Partner, vor dem Versagen, können auch feindselige Regungen mit im Spiel sein. Neid, Mißtrauen und Rachsucht gegen den Partner sind für ein beglückendes Liebesleben so störend wie für das Zusammenleben überhaupt. Das Fleisch kann nicht willig sein, wenn der Geist nicht mitmacht. Wenn Liebe nur möglich ist, sobald Herzen nur im gleichen Rhythmus schlagen, so wird jegliche Dissonanz dieser Herzen entzweiend wirken. Gerade im Geschlechtsverkehr, denn er spiegelt die Einstellung wider, die zwei Menschen zueinander haben.«

Die religiöse oder antisexuelle Erziehung hat in gewissen ländlichen Gebieten immer noch eine gewaltige Stimme und gerade die Diskrepanz zu der Erziehung Gleichaltriger läßt das Kind in einen argen Gewissenskonflikt stürzen. Schon allein die Tatsache, daß die Eltern das Thema Sex niemals erwähnen, hinterläßt bei Kindern den Eindruck des anrüchigen, Verbotenen – jede Neugier, die in diesem Alter etwas Natürliches und Selbstverständliches ist (man denke an die sogenannten Doktorspiele, die in einem bestimmten Kindesalter ganz normal sind), wird von den Eltern als verabscheuungswürdig hingestellt und nicht selten mit Liebesentzug geahndet. Für ein Kind die schlimmste Strafe überhaupt. Der Sexualität wird in frühesten Jahren ein eherner Riegel vorgeschoben, den zu öffnen den wenigsten von alleine gelingt.

Das gleiche gilt für das Onanieren. Besonders in der Pubertät, in einer Zeit also, in der die wachsenden Keimdrüsen und ein völlig durcheinandergebrachter Hormonspiegel den Jugendlichen mit vielen seelischen und körperlichen Schüben in heillose Verwirrung stürzt, sollte er nicht auch noch von den Eltern einen Stein auf den Weg seiner normalen Entwicklung gelegt bekommen. Jahrtausendelang galt Onanie als Teufelsdelikt und wurde als schreckliche Sünde angesehen, nur weil ein paar übereifrige Kirchenväter und Moralisten einen Buhmann für das Schlechte im Menschen und das Übel auf der Welt brauchten.

Der einzige Schaden, den Masturbation bei einem Kind anrichten kann, geht immer auf das Konto der Eltern. Nur übertriebene Strafe für eine Sache, die schon Kleinkinder ganz unbewußt betreiben, verursacht im Extremfall eine bleibende seelische Blockade gegen alles, was im entferntesten mit Sex zu tun hat.

Einem Patienten von mir suggerierte seine Mutter, als sie ihn bei der Selbstbefriedigung überrascht hatte, schreckliche Schuldgefühle ein. Die Mutter honorierte seine Tat damals mit dem Ausspruch »Du bist eine Schande für die ganze Familie« und einem anschließenden einwöchigen Schweigen. In einer Regression weinte er sich seine ganze Seele aus, seine Potenzprobleme besserten sich augenblicklich.

Auch wenn diese erziehungsbedingten seelischen Verkrüppelungen in unseren Tagen nicht mehr oft vorkommen sollten, so gibt es doch noch immer Tabus, die in sehr vielen Fällen zu ganzen Familienzerwürfnissen führen: die Rede ist von Homosexualität. Dabei ist es in vielen Fällen das Verhältnis der Mutter zu ihrem Sohn, das den Sohn in das Dilemma führt, mit dem nur er sich in späteren Jahren auseinandersetzen muß. Meist ist die Mutter die dominante Persönlichkeit in der Familie, die den Sohn sehr stark an sich bindet und, so lange es möglich ist, seine Aufmerksamkeit und Liebe für sich gewinnt. Solche Mütter halten ihre Söhne, so gut es geht, von anderen Frauen fern, erste heterosexuelle Erlebnisse werden von der Mutter als unmoralisch und zu früh unterbunden. Mit Jungen darf er spielen und ausgehen, so lange er will, nur darf keine andere Frau mit im Spiel sein.

Das heißt natürlich nicht, daß jede innige Mutter-

Sohn-Beziehung gleich Homosexualität zur Folge haben muß. Es müssen nur die äußeren Umstände mit der inneren Veranlagung des jungen Mannes zusammenfallen, erst dann gerät der Mensch in einen fatalen Konflikt.

Hier sollte unbedingt noch angefügt werden, daß die beiden Geschlechter sich sowohl in körperlicher als auch in seelischer Hinsicht, zumindest bis zur Pubertät, nicht allzu stark voneinander unterscheiden. In jedem Körper befinden die Grundlagen zur Entwicklung beider Geschlechter, so lassen sich durch die verstärkte Zugabe von Hormonen in einem bestimmten embryonalen Zustand noch die Geschlechter verändern. Das spezifisch weibliche Wachstumshormon Östrogen findet sich in der gleichen Weise beim Mann, genauso umgekehrt. Werden diese spezifischen Geschlechtshormone während der Pubertät aktiv, entwickeln sich nicht nur die primären und sekundären Geschlechtsorgane, sondern auch die dazugehörigen Triebe vernebeln Männlein wie Weiblein die Sinne. Schottet die eifersüchtige Mutter nun ihren Sohn gegen jeden weiblichen Kontakt ab, so muß sich das jugendliche Triebleben auf etwas anderes konzentrieren: auf seine Freunde, die für die Mutter keinerlei Konkurrenz darstellen. Der Grundstein für eine potentielle Homosexualität ist gelegt.

Natürlich kann man dieses Thema nicht in ein paar Sätzen pauschalisierend abhandeln, aber es läßt sich bei vielen Homosexuellen – die übrigens mit ihrer Situation gar nicht zufrieden sind und zum Teil mit Depressionen darunter leiden – diese Grundstruktur nachzeichnen. In der Hypnosetherapie wird nun nachträglich versucht, das übermächtige Mutterbild abzubauen; in der Psychotherapie wird auch von »verspäteter Abnabelung« gesprochen. Der Mann wird seine eigene Sexualität nun unter ganz neuen, freieren Gesichtspunkten wiederfinden und in sehr vielen Fällen gewannen bei ehemaligen Patienten dieser Kategorie Frauen plötzlich ein immenses Gewicht.

Diese »Umpolung« wäre natürlich für Homosexuelle, die mit ihrer Situation sehr glücklich und zufrieden leben, absolut unsinnig. Außerdem ist es Unfug, diesen Menschen mit Vorurteilen und Abneigung zu begegnen. Homosexualität gibt es schon, solange es den Menschen gibt, und es gibt keinen Grund, daß wir mit unseren ohnehin schon arg begrenzten Wertvorstellungen, Homosexuellen ihr Leben noch unnötig schwermachen.

Unter den Gesichtspunkt Sexualität fallen natürlich noch eine ganze Reihe anderer psychosomatischer Erkrankungen, für die die Hypnosetherapie eine ideale Form der Behandlung ist. Dazu gehören vorzeitiger Samenerguß, Sterilität sowie die verschiedensten Frauenerkrankungen. Ein wahrhafter Meister hinsichtlich der physiologischen Beeinflußbarkeit von psychosomatischen Erkrankungen war sicherlich der amerikanische Hypnosearzt Milton Erickson. Anläßlich seines 75. Geburtstages erschien im Juli 1976 in der Amerikanischen Zeitschrift für Klinische Hypnose eine Ausgabe, die fast gänzlich seiner Person und seinem Werk gewidmet war.

»Eine Patientin im Alter zwischen 30 und 40 Jahren litt unter unregelmäßigem Auftreten der Menstruation, verbunden mit starken Kopfschmerzen, Erbrechen und Magen-Darm-Beschwerden, die sie so mitnahmen, daß sie meist fünf Tage krank geschrieben werden mußte. Erickson sagte ihr in der Hypnose, in irgendeiner Samstagnacht, die sie selbst wählen würde, würde sie einen Traum haben, in dem sie die Zeit raffen würde. Sie würde im Traum eine ganze Woche Menstruations-Invalidität erleben, das heißt, es würde den Anschein haben, daß der Traum fünf Tage dauere. Sie würde im Traum alles so erleben, wie sie es sonst erlebe, aber werde sich dabei gesund schlafen und am nächsten Morgen erfrischt und energisch aufwachen. Sie werde aber von dem Traum nichts mehr wissen. Jedoch werde der Traum später zu einer normalen Menstruation führen. Zwei Wochen später kam die Patientin, um sich zu erkundigen, was er mit ihr gemacht habe. Sie habe zum ersten Mal eine normale Menstruation gehabt. Im Trancezustand wußte sie es genau, aber wach habe sie keinerlei Wissen darüber. Erickson berichtet, daß sie auch bei späteren Nachuntersuchungen berichtet habe, daß die Menstruation ihr keinerlei Beschwerden mehr mache. Die Anamnese, sagt Erickson abschließend, scheint den Glauben zu gestatten, daß die Patientin ohne diese Hypnotherapie weiterhin schmerzhafte Perioden gehabt hätte.«

Der Sinn der Krankheit

Die Medizin zwischen Anspruch und Wirklichkeit

Nach der Definition der Weltgesundheitsorganisation bedeutet Gesundheit »nicht nur das Freisein von Krankheit und Gebrechen, sondern völliges körperliches und soziales Wohlbefinden«.

Insbesondere die Mitgliedstaaten der europäischen Region der Weltgesundheitsorganisation haben sich über ein 38-Punkte-Programm die »Gesundheit für alle bis zum Jahr 2000« zum Ziel gesetzt und vor allem nicht nur die »Reduktion von Krankheiten und Behinderungen«.

Sicherlich ehrgeizige und schöne Ideale, die sich die Weltgesundheitsorganisation da auf ihr Banner genäht hat, aber genauso utopisch wie widersinnig. Andererseits muß man anerkennen, daß in die Definition auch die psychische Komponente, eben das »soziale Wohlbefinden« (das seelische Wohlbefinden ist in sehr großem Maße vom sozialen Umfeld abhängig; Freud nannte diese Komponente bekanntlich Über-Ich) aufgenommen wurde, obwohl wegen des Sowohl-Als-auch hinsichtlich des körperlichen und sozialen

Wohlbefindens anscheinend noch ein großer Trennstrich gezogen wird. Die Untrennbarkeit von sozialer und körperlicher Gesundheit wird in dieser Definition noch nicht einmal angedeutet, sondern behandelt, als gelte es, zwei Paar Schuhe unter einen Hut bringen zu müssen.

Schon fünf Jahrhunderte vor Christus wußte der Urvater der Medizin, Hippokrates, daß die Heilung nur über »die Gesamtheit der Dinge« zu erreichen ist.

Fragen wir uns einmal, was Krankheit im üblichen Sinne für uns bedeutet. In den allermeisten Fällen reden wir von einer Fehlfunktion eines Organs oder eines Körperteils und der daraus entstandene Arbeitsausfall sowie der vorübergehende gesellschaftliche Knockout. In solchen Krankheitssituationen sprechen wir beispielsweise vom »Herzen, das nicht mehr so recht will« oder »vom Magen, der einem Probleme macht«. Man isoliert praktisch die Krankheit und schiebt die Schuld für die Krankheit dem angeschlagenen Organ in die Schuhe. Doch da macht man es sich ein bißchen zu leicht. Das Organ kann für seine Funktionsstörung so wenig wie das Auto für die Laterne, gegen die schließlich der Fahrer lenkt. Der menschliche Körper an sich ist ein hochsensibler Mechanismus, ein Seismograph, auf dem sich auch die geringfügigsten Schwankungen der Seelenatmosphäre abzeichnen. Der Ausschlag des Seismographen findet in Form von Gefühlsregungen, Reflexen oder aber in Form von Krankheiten statt. Der Magen kann für sein Geschwür genausowenig wie das Herz für seinen Infarkt, der Verantwortliche für Krankheit ist immer der Mensch selber, allerdings steht es auch in seiner Macht, den Sinn und die Information der Krankheit für seine Gesundung zu nutzen. Das hört sich ein wenig fremd und paradox an, aber das liegt vielmehr an unserem überholungsbedürftigen, gar nicht so alten Verständnis von der Funktion der Krankheit. Erinnern wir uns an das Humboldtsche Zitat zu Beginn dieses Buches:

»Es wird die Zeit kommen, wo es als Schande gilt, krank zu sein, wo man Krankheiten als Wirkung verkehrter Gedanken erkennen wird.« Denken Sie an das Beispiel mit dem Erröten. Kein Mensch errötet gern, da es meist als ein Zeichen von Schwäche oder als Peinlichkeit interpretiert wird. Nichtsdestotrotz ist das Rotwerden eine normale Entlastungsfunktion unserer Psyche. Die Aufregung, die einem das Blut in den Kopf schießen läßt, kann nur über die erhöhte Aktivität des Sympathikus ausgeglichen werden. Wir müssen in diesen Fällen zu unseren ehrlichen Gefühlen stehen, wir könnten noch so sehr versuchen, cool oder uninteressiert zu wirken, es würde nicht klappen, weil die Psyche sich nicht auf diesen Selbstbetrug einläßt. Sie honoriert die Anspannung, die wir ach so gerne verbergen würden, mit einem Entlastungsangriff über die Hormone. Ausdrücke des Gefühls auf der Körperebene wie Herzklopfen, Schweißausbrüche, Blässe und Erröten lassen uns ehrlicher mit uns selbst sein und informieren uns darüber hinaus noch über die Intensität des Gefühls. In dieser Weise macht also ein »symptomgewordenes Gefühl« durchaus seinen Sinn. Betrachten wir nun die Krankheit als ein nichtgelebtes und verdrängtes Gefühl oder Erlebnis, so bekommt auch hier die Krankheit ihre positive Wertung. Sie macht uns auf unsere Disharmonie aufmerksam und zeigt uns auf diesem Weg, daß es so(!) nicht weitergeht. Krankheit macht ehrlich und unser Selbsterhaltungstrieb zwingt uns, den eingeschlagenen Irrweg zu korrigieren – oder vor der Krankheit zu kapitulieren.

Denken Sie nur einmal daran, wie Sie sich nach einer überstandenen Krankheit fühlen. Der ausgestandene Konflikt auf der Körperebene hat uns reifer gemacht, uns fehlt nichts mehr, Sie haben etwas ausgekämpft und können gewappnet in die nächste Runde.

Auch spricht unser Krankheitsgeschehen eine beredte Sprache, wir ignorieren nur gern deren Informationen. Die Körpersprache läßt sich auf jedes Krankheitsbild anwenden, vom kleinsten Schnupfen (man hat eben die Nase voll) bis hin zur Bandscheibenerkrankung, bei der man sich plötzlich ganz unbarmherzig seiner starren und unflexiblen Haltung beziehungsweise des hohen Drucks, der auf dem Körper lastet, bewußt wird. An dieser Stelle sei auf Thorwald Dethlefsens *Krankheit als Weg* verwiesen, in dem die Bedeutungen sämtlicher Krankheitsbilder anschaulich dokumentiert sind.

Außerdem ist es ziemlich unsinnig, von Krankhei*ten* zu sprechen – schließlich sprechen wir auch nicht von Gesundheit*en*, obwohl jeder zugeben muß, daß zwischen gesund und gesund oft gewaltige Unterschiede liegen. Viele würden dem Menschen, der sich ein Bein gebrochen hat und der nun trotz allem gut gelaunt auf Krücken durch die Gegend humpelt, viel eher das Prädikat »gesund« verleihen als dem Depressiven, der sich kaum aus der Wohnung traut, rund um die Uhr Selbstmordversuche unternimmt, aber keinerlei körperliche Symptome aufzuweisen hat.

Wir sehen, auch Gesundheit ist relativ, und der Mensch, der dem Idealtypus der Medizin – unverletzbar, kerngesund und unsterblich – entspräche, muß erst noch geboren werden. Es wäre allerdings ein zutiefst erbärmliches Leben, denn ohne Krankheiten gäbe es keine Höhen und Tiefen, keine Entwicklung, keine Ziele.

Wir bewegen uns in unserem Leben immer zwischen den zwei Polen krank und gesund, und erst diese Dynamik ermöglicht es, daß wir uns überhaupt fortentwickeln – einer höheren Bewußtseinsstufe entgegen. Dieses uralte Bewegungsgesetz der Polarität begegnet uns überall im Universum. Denken Sie an den elektrischen Strom (Plus/Minus), an den Magnetismus (Nordpol/Südpol), den Lauf des Wassers (Hoch/Tief) oder den Wechsel von Tag und Nacht, so wird deutlich, daß jedes Leben zwischen den beiden Polen Geburt und Tod verläuft. Der Reifeprozeß während des Lebens ist ebenso in einen dynamischen Ablauf eingebunden und bewegt sich zwischen Krankheit und Gesundheit. Krankheit ist nur durch Gesundheit möglich, genauso wie die Gesundheit ihr Bezugssystem Krankheit braucht. Das Bestreben der Medizin, die Krankheit auszurotten, ist völlig absurd, es müßte das gesamte Leben auf der Erde zerstört werden, dann wäre auch die Krankheit nicht mehr notwendig – Leichen sind bekanntlich weder krank noch gesund. Wir sollten lernen, mit dem Prinzip Krankheit anders umzugehen, sie schätzenzulernen als Warnsignal und Hinweisschild auf dem Weg zurück zur Harmonie.

In seinem Buch *Krankheit als Krise und Chance* sagt Edgar Heim, daß ein Erwachsener in fünfundzwanzig Jahren seines Lebens durchschnittlich eine lebensbedrohliche, zwanzig ernsthafte und zweihundert mittelschwere Erkrankungen durchmacht. Nicht gezählt lapidare Erkältungen, Magenverstimmungen, Kopfschmerzen und so weiter. Dabei ist erstaunlich, daß ein Großteil dieser Erkrankungen nichts anderes als Fortsetzungen und Wiederholungen alter Leiden darstellen. Bei dem Asthmatiker wiederholt sich beispielsweise die lebensbedrohende Atemnot mit Krankenhausaufenthalt zweimal im Jahr, der Gastritiskranke wird viermal wegen eines Magengeschwürs operiert. Wäre unser Verständnis von Krankheit nicht so einseitig darauf bedacht, nur die Symptome kurzzeitig zu beseitigen, so käme jeder Erwachsene auf eine wesentlich geringere Anzahl an Krankheiten, vorausgesetzt er versteht die Information derselben.

Die Entwicklung unseres modernen Krankheitsverständnisses

Bis zur Aufklärung wurde Krankheit als Strafe für Verfehlungen angesehen, die durch magisch-transzendente Kräfte wie zornige Götter und Dämonen ausgelöst wurde. Heilung konnte also nicht erwartet, sondern mußte vielmehr verdient werden, indem man die zuständigen Gottheiten wieder versöhnte. Das ist der grundlegende Unterschied zu unserem modernen

Krankheitsverständnis. Wir gehen zum Arzt und erwarten Heilung. Wir sehen es als unser gutes Recht an, Heilung per Rezept verschrieben zu bekommen, ohne einen entsprechenden Gegenwert zu leisten. Der vormoderne Mensch mußte für seine Krankheit etwas tun, die Dämonen – sie lassen sich am ehesten mit unseren vegetativen und hormonellen Mechanismen vergleichen – mußten beschwichtigt oder entsprechende Gegengottheiten (positive Suggestionen) aktiviert werden.

Außerdem galt der Arzt nicht als der »Gott in Weiß«, von dessen Allmacht der Erfolg der Behandlung stieg oder fiel, sondern war sehr viel mehr Führer, Pfleger und Ratgeber des Kranken. Für die eigentliche Heilung aber war er nicht zuständig, die Instanz dafür lag in metaphysischer Ferne.

Mit der industriellen Revolution im 19. Jahrhundert und den damit gegebenen technischen Umwälzungen geriet das traditionelle Verständnis von Mensch und Umwelt völlig aus den Fugen. Telegraphie, Dampfmaschine und Eisenbahn veränderten nicht nur ganze Landschaftsbilder, sondern auch den Menschen, der Hals über Kopf in eine neue Dimension menschlicher und maschineller Leistungsfähigkeit gestürzt wurde. Die physikalische und chemische Forschung bescherte uns innerhalb kürzester Zeit die Glühlampe, die Fotografie, das Telefon, den Dynamo, den Gasmotor, das Auto, die Stromerzeugung und so weiter.

Kein Wunder also, daß sich auch in der medizinischen Forschung revolutionsartige Entdeckungen ihren Weg aus dem Dickicht der Salbenrührer und Kräuterhexen brachen. In der »bakteriologischen

Ära« erwuchs plötzlich die Möglichkeit, Mensch und Tier von jahrtausendealten Killern zu erlösen. Louis Pasteur entwickelte 1885 Impfstoffe gegen Tollwut und Milzbrand, Robert Koch entdeckte die Erreger von Cholera und Tuberkulose – die Mikrobenjäger wurden als Retter der Menschheit vor den schrecklichsten Geiseln der Zivilisation gefeiert.

Die uralte Hoffnung des Menschen, alle Krankheiten besiegen zu können, machte sich breit. Besessen arbeiteten ganze Generationen von Medizinern daran, jede Form der Krankheit auszumerzen; die Vorstellung von einer erregerfreien Welt riß die medizinische Wissenschaft in einen fieberhaften Aktivitätstaumel. Daher rührt übrigens auch unser immer noch aktuelles Werteempfinden, daß für die Medizin Jahr für Jahr Milliardenbeträge zur Verfügung gestellt werden müssen, um die vorhandenen Methoden und Gerätschaften zu perfektionieren; ausgelöst durch den Aberglauben: mehr Geld – weniger Krankheit. Natürlich, wir gehen heutzutage weniger an Massenepidemien und Seuchen zugrunde, die moderne Medizin hat mittlerweile fast alle Infektionskrankheiten ausgerottet. Doch an deren Stelle treten neue Formen der Krankheit wie Krebs, Herzinfarkte, Schlaganfälle, Allergien oder die Immunschwächekrankheit AIDS. Die Quantität der Krankheit ließ sich über alle Menschenalter hinweg nicht reduzieren, es konnten allenfalls Methoden entwickelt werden, mit denen zum einen bestimmte Formen der Krankheit berechenbarer (Seuchen, Infektionen), zum anderen alle Krankheiten in ihrer Schmerzhaftigkeit und Ausweglosigkeit gemildert wurden.

Daß sich die Medizin dabei nur auf die Verschiebung der Symptome stürzte, sah freilich niemand. Der phänomenale Siegeszug von Impfstoffen in der Vorsorge, Röntgenstrahlen in der Diagnostik und neuen Operationstechniken in der Chirurgie steigerte immer mehr den Wahn vom Sieg der Medizin über die Krankheit. Am Ende dieser Entwicklung stehen heute faszinierende Technologien wie EEG, EKG, Ultraschall, Computer- und Kernspinresonanztomographie, Chromosomenanalyse usw.

Kein Zweifel, ein Segen für die Menschheit und es liegt mir fern, diese Errungenschaften zu verurteilen. Krankheit ist humaner geworden, sie tut nicht mehr so weh, und man ist nicht jedem Infekt auf Gedeih und Verderb ausgeliefert. Nur eines wurde in all den Jahren von der medizinischen Wissenschaft rigoros verdrängt: Krankheit ist ein Ausdruck von Disharmonie, es leidet nicht nur der Körper, sondern vor allem die Seele, und der wird mit Antibiotika und Röntgenstrahlen bestimmt nicht geholfen. Die Psyche des Patienten bleibt in der Behandlung meist im Wartezimmer sitzen, teure Apparatemedizin ersetzt die ungleich wichtigere menschliche Pflege und Fürsorge. Es wird noch etliche Jahre dauern, bis Psychologen, Hypnosetherapeuten und Heilpraktiker dasselbe Ansehen in der Öffentlichkeit genießen wie ihre ärztlichen Kollegen und mit diesen Hand in Hand zusammenarbeiten, beziehungsweise der Arzt den Menschen in seiner Gesamtheit behandelt.

Krankheit ist kein auszurottendes Übel, sondern ein fest integrierter Bestandteil im menschlichen Dasein, ohne den individuelle Entwicklung einfach nicht stattfände. Niemand würde auf die Idee kommen, in seinem Leben auch nur die geringste Kleinigkeit zu ändern, wenn da nicht ein auslösendes Moment wäre, das zum Verlassen des gehandhabten Zustandes veranlassen würde. Ohne dieses Moment – in unserem Fall die Krankheit – gäbe es keinen Grund, sich fortzuentwickeln, die Persönlichkeit zu festigen oder einfach nur das zu tun, was man gegenüber den Konventionen und Normen der Gesellschaft sonst nicht tun würde. Krankheit offenbart unsere Schwächen, sie zwingt uns zur Aufmerksamkeit und zur Aktion. Wir können gar nicht anders, als den Symptomen unsere volle Beachtung zu schenken. Oft läßt der Schmerz überhaupt nichts anderes mehr zu, als daß wir uns mit der Krankheit auseinandersetzen müssen. Krankheit wirft uns aus der gewohnten Bahn, aus einer Harmonie hinein in die Disharmonie und erzeugt dadurch den Zwang zur Beschäftigung mit der Krankheit. Jeder, der plötzlich mit einem Herzinfarkt im Krankenhaus liegt, wird sich zwangsläufig mit seinem Kranksein auseinandersetzen; hier hat er nun die Zeit und die Pflicht, seinem Fehlverhalten (der Herzinfarkt ist eben oft der letzte Weg, mit dem die Hyperaktivität des Betroffenen gebremst werden kann) auf den Grund zu gehen. Jeder Herzinfarktpatient wird während des Krankenhausaufenthalts sein Leben neu überdenken, andere Prioritäten setzen, Arbeit und Karriere nicht mehr den Stellenwert einräumen, den sie vor dem Infarkt hatten. Die Krankheit korrigiert also einen nicht mehr zu haltenden Lebenskurs und wird damit zum wichtigen Wegweiser für die Zukunft.

Vorsorge und Ausgleich mit Hypnose

Es muß jedoch erst gar nicht so weit kommen. Krankheit sollte zwar als Wegweiser verstanden werden, doch in ihrer drastischsten Auswirkung will wohl keiner Krankheiten durchmachen. Verständlich. Allerdings ist das Kranksein, wie oben erwähnt, eine natürliche Korrekturmaßnahme, die letztlich den Menschen zu einem ausgeglicheneren und erfüllteren Leben führt. Krankheit ist Lernen und Entwicklung auf der unterbewußten Ebene – Auseinandersetzung und Kampf mit Problemen, die wir sehr bewußt nicht sehen wollen oder nicht sehen können. Bewußt sehen wir nur die Symptome, als qualitativen und quantitativen Aspekt der Krankheit, die Symptome jedoch zu deuten, und aus ihnen Rückschlüsse auf die Entstehung der Erkrankung zu gewinnen, das gelingt den wenigsten auf Anhieb. Doch es muß nicht das vorrangige Ziel sein, jeden Schnupfen oder Schluckauf (auch eine Verkrampfung) in Windeseile zu analysieren und zu erforschen. Das kann sogar zu übertriebener Selbstbeobachtung führen, die dem Stellenwert der Erkrankung gar nicht angemessen ist. Viel wichtiger ist es zunächst, das Prinzip Krankheit zu verstehen und es in einem positiveren Licht zu sehen. Vor diesem Hintergrund verliert jedes Symptom seinen Schrecken.

Mit Hypnose läßt sich das so geänderte Verständnis der Krankheit besser integrieren. Es ist sicherlich ein langer und steiniger Weg, wenn man vom bisherigen Krankheitsverständnis abweicht, um sich einem neuen, oft auch unbequemen zu öffnen. Man trägt auf einmal die Verantwortung für seine Krankheit selber und kann sie nicht mehr den bösen Viren und Erregern sowie den körperlichen Unzulänglichkeiten ankreiden. Diese Sichtweise macht andererseits auch wieder Hoffnung, denn das Verschwinden der Krankheit liegt nun in unserer Hand. Fremdhypnose und Selbsthypnose sind die Schlüssel dazu, die uns dem Phänomen Krankheit selbstbewußter, gelassener und einfach natürlicher entgegentreten lassen.

Außerdem kann man sich mit Hypnose selbst sensibilisieren. Durch gezieltes Training werden Probleme und seelische Belastungen viel früher erkannt und müssen sich so erst gar nicht in einem Symptom manifestieren; die halbstündige Ruhephase am Nachmittag kombiniert mit Selbsthypnose gibt ihnen nicht nur Kraft und Energie, sondern baut auch Streß und angestaute Aggressionen vor ihrer oft unberechenbaren Entladung vorzeitig ab. Verdrängte Gefühle müssen nicht beiseite geschoben oder unter den Teppich (also in das Unterbewußtsein) gekehrt, sondern können mit Hilfe von Hypnose kanalisiert und damit auch gelebt werden. Somit kommt der Hypnose, verbunden mit dem richtigen Verständnis von Krankheit und Gesundheit, eine Vorbeuge- und eine Heilfunktion zu. Wir werden auf uns und unser tägliches Zipperlein aufmerksamer, *wir beugen ihm vor*, indem wir uns *vorbeugen* und damit flexibler in der Betrachtung werden. Wir sind nicht gezwungen, der Krankheit immer mit Argusaugen furchtsam entgegenzublicken, sondern können sie dadurch mildern, indem wir sensibler mit uns und unserer Umwelt umgehen.